Flèch palmis pa fizi

Don D. William

Trilingual Press : PO Box 391206,
Cambridge, MA 02139
E-mail : trilingualpress@tanbou.com
Tel. 617-331-2269

Composition typographique :
David Henry, www.davidphenry.com

ISBN 13: 978-1-936431-28-1
ISBN 10: 1-936431-28-9
Library of Congress Control Number: 20169556207

Premye edisyon : Oktòb 2016

Flèch palmis pa fizi

Don D. William

Trilingual Press, Cambridge, Massachusetts

Lòt liv otè a pibliye

Gen Pawòl Pa Gen Bouch, Édition Delince, 2016.

Tout dwa rezève

Flèch palmis pa fizi

Yon woman enteresan ki ekri nan yon estil senp nan lang Kreyòl Ayisyen. Liv sa a touche divès aspè… lanmou, kilti lakay, konsekans desizyon san reflechi ak anpil lòt leson moral. Pran chèz ba ou, epi pare pou fè lekti l ak kè kontan.

Ilistrasyon

Tout foto nan liv sa a se koutwazi ak pèmisyon shutterstock.com

Flèch palmis pa fizi

Tablo kontni

Remèsiman

Pou

Ms. William. Rekèy sa a se pou ou. Kwake w pa t mande l, men san ou koleksyon byen bati sa pa t ap egziste. Mèsi.

Pou

Regine Louis. Ou reyèlman merite yon remèsiman siplemantè. Si edisyon rekèy sa a pa kale w, anyen ankò p ap rive fè sa.

Pou

Ekriven ak lektè Kreyòl yo 60,000+ fan paj www.facebook.com/ddwpage la Sosyete Koukouy nan Miami. Tout moun ki bay lang Kreyòl lan enpòtans ke li merite.

Mwen voye tou yon gran mèsi bay Emmanuel Védrine pou michan èd li ban nou nan editasyon final liv la, ansanm ak Trilingual Press pou ede nou materyalize l.

Prefas

Flèch palmis pa fizi se yon kouch penso modènite nan literati Kreyòl Ayisyen an. Nan woman sa, Don D. William prezante yon istwa pasyonan ki kapab kapte atansyon yon lektè depi premye pou rive dènye paj liv sa a. Vrèman *Flèch palmis pa fizi* se yon nouvo mouvman ki pran nesans nan literati Ayisyen an. Pran ti chèz ba w pou ou li liv sa a ak kè kontan, w ap rejwi, w ap souri, w ap ri tout pandan w ap aprann yon bèl leson enpòtan.

Flèch palmis pa fizi

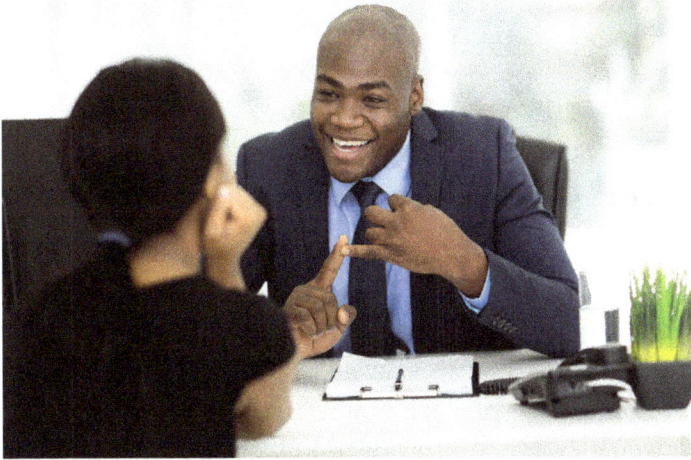

Chapit I
San m mache pou li

Travay nan lopital pa jwèt. Se kote doktè ak enfimyè pa janm pran souf, toutan se monte desann pase de chanm an chanm vizite chak pasyan, epi trete divès kalite maladi. Li te uitè nan maten, Sandra yon jèn enfimyè t ap prese pou l kòmanse travay, pandan l ouvri pòt antre imèb lopital la, li kontre bab pou bab ak mwen. Non mwen se doktè Gary Lafalèz ; gen moun ki jis konnen m sou non doktè Lafalèz, men majorite moun ki abitye ak mwen jis rele m Gary.

Kote m kontre ak Sandra a, san pèdi tan mwen di l :

– Bonjou doktè.

– Bonjou Sandra, kouman nwit ou te ye ?

– Li te yen mèsi, e ou doktè ?

– Aa ! Sispann afè doktè a machè, Gary sifi. Mwen te byen dòmi.

– Apa se sòti w ap sòti, kote w ap bay ?

– Kèk dokiman m pral pran.

– Ok, men pouki w fre konsa maten an ?

Mwen te mete yon kostim ble maren byen plake, w a di s'on gwo direktè, kravat ak chemiz ble m sou mwen, se kòmsi m te prepare pou m kraze yon zòn. Dabitid mwen pa konn vin travay ak fòm abiman sa a, donk se ak rezon Sandra te yon jan sezi wè m jou maten sa a.

Pou repons mwen di Sandra :

– Ou twouve m fre toutbon Sandra ?

– Wi doktè Lafalèz.

– Ou gen rezon, m ba w sa a. Gen yon reyinyon enpòtan jodi a kèk reprezantan gouvènman an ak manm laprès yo òganize donk m oblije prezantab. Ou ta renmen patisipe tou ?

– Non mèsi, m ap okipe doktè Lafalèz.

– Sandra, Sandra, Sandra ! Konbyen fwa m di w jis rele m Gary. Ou pa yon enkoni machè.

Manmzèl souri, epi l di :

– Ou gen rezon, eskize m Gary se abitid ; bon m prale w a ban m nouvèl jan sa pase.

– Ok Sandra, avan w pran wout lakay ou, pase nan biwo m pou m rakonte w jan sa dewoule.

– Ok Gary, m ap fè sa.

– Donk se yon pwomès ?

Manmzèl souri epi l di nan panse l « Apa m pran mezanmi », li di :

– Wi se yon pwomès Gary. Pa enkyete w, m toujou kenbe mo m.

– Eben n a wè sa.

Lapoula, yon souri plake sou vizaj mwen ; manmzèl leve men l fè m babay, epi l antre nan imèb lan. M ret kanpe men nan pòch devan pòt la, m imobil m ap admire do l k ap defile... Manman ! ala fanm gen bèl fòm, li depase anfòm. Cheve l men longè k ap vòltije tankou yon ti sèvolan, dèyè l epè sa byen bonbe, senti l won tankou yon bwa palmis. Malgre manmzèl te deja lwen, odè l te kontinye toufounen m ; ou kwè se bon pafen l bon sa ! Wouy ! Mwen pèdi serye nan fanm nan se kòmsi m ap di nan mwen menm « Koumanmam ! Tout tan m tande moun nan antouraj mwen ap konpare fanm ak flè. Sandra vrèman s'on bouke flè natirèl ». Kisa pawòl sa vle di ? Sa m gen nan entansyon m la a ? M pa ka eksplike sa k nan kè m, ni sa k ap travèse lide m, kòm yo di... « lòm gade sa k devan je l, se sèl Bondye ki wè kè ». Donk, se pa yon peche si m rense je m oswa bay opinyon m sou manmzèl. Apre tou depi m gade san pran, ki mal ki gen nan sa, dayè Sandra merite sa... manmzèl bèl nan tout sans, m a menm di s'on bèl flè ki gen bon odè, ki bay moun anvi rete pre l tout tan.

Se pa premye fwa yon gason konpare yon fi ak flè, s'on fason pou yo di fanm nan bèl. Lè w gade Sandra byen, pou jan timoun nan eksitan, pou jan manmzèl kokèt, ak bèl ti fòm plen payèt li, ou wè l merite konpliman sa a vre. Sandra s'on jèn ti dam vennkat ane, manmzèl diplome kòm enfimyè, men se otèsdelè ki te enterese l, e depi w gade fason l bati a ak jan l mache ou wè karyè enfimyè a pa t pou li, poutan manman l te ensiste e menm kanpe an kwa pou l vin yon enfimyè ; donk pou plè manman l, manmzèl chwazi karyè enfimyè, e se premye ti travay li. Ojis, manmzèl gen twa mwa depi l ap travay nan lopital la. Men pandan ti tan sa, chak fwa m kwaze ak manmzèl, kè m fann dimil moso.

Mwen te deja gen karant rekòt kafe sou tèt mwen, poutan m te byen kanpe epi m te gen ti mwayen tou. Se an Frans mwen te fè tout etid mwen. Anplis, mwen te bon anpil nan domèn medikal la, se pa dyòlè, kèlkeswa konplikasyon oswa gravite yon malad ta ye, m te toujou pare pou m ede ; sa te fè m vin trè popilè. Malgre se Pòtoprens klinik mwen te tabli, sa pa t anpeche non m simaye nan plizyè vil provens. Ou konnen « bri kouri nouvèl gaye », dayè se tout tan jèn kou granmoun monte Pòtoprens, espesyalman, pou vizite klinik mwen. Mwen konn tande moun di ke m g'on lizaj sou mwen, jan sa di nan lang fransè « c'est du jamais vu », pèsonalite m, karaktè m te fè m yon nonm konplè nan zye anpil pasyan. Se verite, m s'on nonm kè nan men, ki renmen moun, m pa tolere wè kretyen vivan nan soufrans. Se ak rezon, moun toupatou te renmen m e menm fou pou mwen. Nan lopital kote m travay lan menm, tout medam enfimyè e menm kèk doktè parèy mwen te konsidere m kòm yon vedèt. Paske m tèlman si de tèt mwen, yon lè yon manman debake nan lopital la ak pitit li ki te tonbe sou tèt, wouy ! Tèt timoun nan fann, manman an benyen ak san l ap rele san pran souf ; se zantray li k ap koupe. Lapoula, m kouri ak timoun nan nan chanm operasyon. Manman an pa t gen senk kòb nan men l. Imajine kontantman l, lè m te di l :

Flèch palmis pa fizi

– Madan Jan, tout bagay byen pase. Mwen bay ti pitit la antibyotik, epi m koud kote k te fann lan. Achte preskripsyon sa pou li.

– Doktè konbyen m dwe w ? Mwen razè, m pa nan posiblite peye w koulye a men pran pasyans avè m, tanpri.

Lè m gade kondisyon madanm nan, m pa wè mwen menm ki pral pran lajan nan men l, m jis reponn :

– Madan Jan, ou pa dwe m yon goud. Sèlman pote yon ti kremas pou mwen pwochèn fwa w vizite m.

– Mèsi, mèsi, mèsi, dis mil fwa mèsi doktè.

Madanm nan anbrase m, sentre m ak bra l mezi pou l toufe m apre sa l deplase ak ti pitit lan, se pa ti kontan manmzèl pa t kontan. Malgre m pa t touche pou sèvis sa a, kontantman te anvayi m paske m te jwenn anpil plezi lè m wè se mwen ki geri yon pasyan. Sa pa vle di lajan pa t konte non, men mwen te pran plis plezi lontan lè m ede yon moun ; se kòmsi pwofesyon doktè a se te yon pasyon pou mwen. Kapab se pou rezon sa m pa t janm rich. Poutan, popilarite m pa t rete sèlman nan domèn medsin, pa t gen nèg relijye pase m. Nan asanble kote m mache a, yo te rekonèt mwen kòm yon nonm ki pa t negosye ak sèvis relijye l. Mwen pa t konn fimen, m pa t bwè, m pa t nan banbòch nonplis donk pifò moun te wè m kòm yon egzanp nan prèske tout domèn.

Vè midi menm jou sa a, detan m te nan direksyon kafeterya a m kontre doktè Antwàn. Antwàn se bon zanmi m, nou gen plis pase senk ane depi n ap travay nan lopital la ansanm. S ak diferansye nou sèke Antwàn pa yon nonm ki gen bon repitasyon, atitid misye repouse moun olye l atire yo.

– Antwàn sa k ap fèt frè m ?

– N ap pran l jan l vini an Gary ! Kijan w ap debat la a ?

– Monchè, n ap degaje n ase byen. Tande Antwàn, m pa bliye w te di m ou bezwen m, mwen te tèlman okipe nèg, sa k genyen ?

– Se pa yon bagay grav, ou gen tan pou n koze ?

– Pou ou Antwàn, ou konnen zòrèy mwen toujou disponib.

– M apresye sa anpil Gary.

Alòske m t ap panse « sa misye dwe genyen konsa », m jis di misye :

– Aa ! monchè se nèg pa m ou ye.

– Bon se yon gwo favè m ap mande w, m konnen ou gen bon relasyon ak pakèt nan enfimyè isi a, gen youn ki vrèman enterese m. Mwen t ap apresye si w fè m fè konesans youn an patikilye.

– Kiyès ou vle pale ojis ? ou konn non l ?

– M byen kwè se Sandra, li fèk vini.

Mwen pa t ka plis sezi pase sa… nan tout fanm ki anndan an se sou ti grenn sa misye vle poze lapat. M oblije mande Antwàn :

– Kisa k enterese w nan manmzèl ?

– Pou m di w byen, fanm nan fè san m mache, se tout anndan m ki bouyi lè l wè li, m pa ka eksplike franchman. Lè l devan m kòm fè chèdepoul. Manmzèl vrèman diferan. Genlè m resi jwenn ti pa m nan Gary.

– Oke Antwàn m pa pwomèt anyen, men m pral gade sa m ka fè pou ou.

– Sizè won li fè, Sandra t ap kite travay, li pase nan biwo m lan jan l te pwomèt sa. « Kow, kow, kow »

– Se kiyès ?

– Sandra

– O Sandra

Avan m di l antre, m prese wete bag nan dwèt mwen, epi m vide pil foto ki te sou biwo m yo nan yon tiwa.

– Antre non, Sandra...

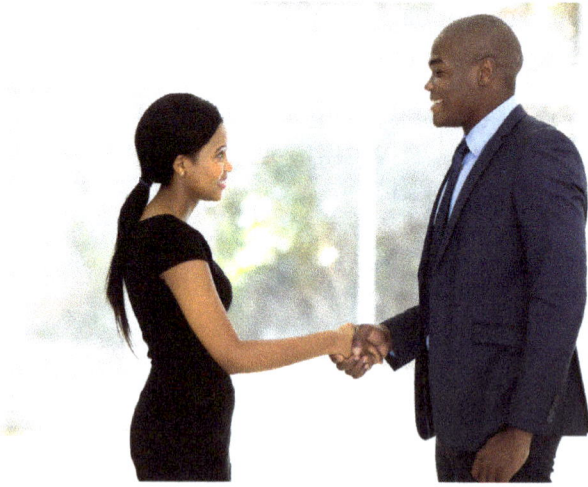

Chapit II

Anverite dye

Apre yon jounen travay monte desann pasi pala, se kòmsi tout manm Sandra kraze, tank ti dam nan te fatige. Manmzèl pa t wè ni de ni twa ke wout kay li men puiske l te fè m yon pwomès, manmzèl te oblije kenbe mo l. Pou rezon sa a, li te pase nan biwo m, epi fè ti chita pale. Manmzèl pran lapawòl :

– Ou wè m kenbe pwomès mwen.

– Ou dwe di sa pi fò Sandra, on moun ki kenbe pawòl tankou w se moun serye ki merite konfyans. Mwen apresye sa lakay ou anpil, franchman.

– Mèsi pou konpliman an Gary. Di m non, kòman sa te pase menm ?

– Kisa ojis ?

– Kokennchenn reyinyon maten an.

– Aa ! Tout bagay pase byen. Onètman bagay yo
pase pi byen ke m te prevwa. Anfèt m ap pataje
kèk detay avè w, men fè m yon lòt pwomès, sa
m pral di w la pa dwe kite biwo a ; pa pataje sa
ak pèsonn men se pa yon sekrè paske m te deja
t ap panse ak sa depi kèk tan. Vrèman, mwen ta
renmen w kenbe sa pou ou sèlman.

– Ok, ou mèt pale Gary, m ap tande w.

– Eben, nan reyinyon maten an administrasyon
lopital la te dakò avèk bidjè m prezante devan yo
a san pwoblèm, epi yo tou nome m doktè an chèf
nan depatman an. Yo menm otorize m chèche yon
enfimyè pou travay kòm asistan pèsonèl mwen.

– Se byen sa, s'on gwo pwomosyon pou ou Gary.

– E franchman Sandra, m pa panse ak lòt moun ke
ou kòm asistan m.

– Manmzèl sezi :

—O ! mwen menm ? Men m pa konprann Gary,
chaje lòt enfimyè ki boure ak eksperyans, epi se
mwen ki fèk vini w chwazi ?

Manmzèl pa konnen depi premye fwa je m tonbe
sou li, ti kè m manke rete. Se kòm yon bagay mwen t ap
chache anlè, m jwenn atè. Poutan, mwen toujou degaje
m nan mezi kouray mwen pou santiman m rete kache.
Men, chak fwa m kwaze ak manmzèl, m gen pwoblèm
se tankou yon flanm dife vif ki limen anndan m depi je
m tonbe nan pa l mwen te malad ; m kwè sa te kòmanse
parèt aklè pou manmzèl. Pa mwayen reyinyon sa, mwen
te tou jwenn yon okazyon pou m pwoche manmzèl.

Mwen ba l repons sa a :

– Se ou m chwazi paske mwen wè ou entelijan anpil
Sandra, ou janti, ou konn travay, ou toujou alè,
ou gen sans responsablite anplis ou kenbe mo w
donk jwenn okazyon travay avè w se yon privilèj
ke m ap cheri anpil.

Apre pawòl sa a, m kontinye rezime sa k te diskite
nan reyinyon an pou manmzèl. Lè m fini, mwen di :

– Jan w tande sa, pra l gen anpil chanjman nan
lopital la. Sa vle di ap gen plis opòtinite pou ou
tou.

– Kòman sa Gary ? Ban m plis detay.

– Eben, kòm asistan m, salè w ap ogmante, w ap
ka fè w siplemantè lè w vle, koze monte-desann
vizite chak pasyan tou fini pou ou, se sèl nan
biwo m w ap rete, epi se sèlman jou lasemèn w ap
travay.

– M renmen, sa m tande a doktè Lafalèz. Woy !
Eskize m, se Gary m te vle di.

Nou toude pete yon ekla ri. Apre, manmzèl kontinye :

– Men m bezwen ti tan pou m reflechi sou òf la
Gary.

– Ok Sandra, men pa pèdi tan sou sa paske se
vrèman yon bon opòtinite. Pran tout tan w, epi fè
m konnen sa w deside.

– Ok, m ap fè sa tousuit.

San m pa t prevwa sa, m al fikse l nan je, manmzèl
santi l anbarase. Li souri ban mwen epi l di :

– Pouki w gade m konsa Gary ?

Flèch palmis pa fizi

– Men, èske s'on peche, si m gade w ?

– Non, men ou fè m mal alèz.

– Eskize m Sandra, m pa fè eksprè se pa abitid mwen, se jis...

– Jis kisa Gary ? Sa m genyen ?

Sandra ka remake m t'on jan jennen, kòmkwa mwen te anvi di yon bagay men mo yo kwoke nan gòje mwen. Poutan, se fanm je kale l deja konprann ke m debòde santiman pou li. E li menm tou, san dout te kapab gen yon ti bagay nan kè l pou mwen, petèt se rezon sa k fè l toujou mal alèz devan m. Kò l pran pike l, li pa konn sa pou l fè paske tout sa m fè atire l. Manmzèl renmen souri m, posti m, fason m, san konte repitasyon m puiske li tande jan m s'on nonm ki atiran. Tou sa fè manmzèl gen santiman pou mwen men kòm li fèk vini, li oblije met dlo nan diven l, epi aji kòmsi l pa wè m, poutan anndan kè l, manmzèl fin debòde ak lanmou. Mwen reponn li konsa :

– Kalme w Sandra, se pa anyen ki grav s'on lide ki pase nan tèt mwen.

– Ebyen pataje li avèk mwen, paske w fiske m epi w souri. Fò w di m pouki.

– Ok, pa panse m dwòl paske lide sa a pa gen anyen pou l wè ak travay.

– M ap koute w...

– Èske w panse l posib pou yon gason ak yon fi bati yon zanmitay toutbon san yo pa panse ak lòt bagay ? Sa w panse de sa ?

– M konn tande yo di « Gason ak fanm pa mele » kòmkwa pa ka gen amitye serye ant yo san yo pa tonbe nan renmen. Poutan m panse ke l posib pou yon vrè amitye tabli ant de moun sèks diferan. Men pouki w vini ak kesyon sa a Gary ?

– Lè m panse ak jan m alèz avè w, jan m santi m byen, m ka pale de nenpòt sijè ebyen se kòmsi nou deja bon zanmi.

– Wi, se vre m santi sa tou.

– Tande Sandra, panse sou sa n diskite a, m ta vrèman renmen yon repons pozitif. Sa t ap fè m plezi pou m genyen w kòm zanmi m, e asistan m an menm tan.

Manmzèl di nan kè l, « si m gen pou m pase tout tan m kote misye, m ap rive pran kè l san pwoblèm, men m pa konn anpil bagay sou li ». Mwen fè menm panse ak manmzèl se kòmsi m t ap li panse fanm nan. Mwen pwofite mande l :

– Boubout ou pa konn fache lè l wè w pase prèske tout jounen w nan travay ?

– M pa gen boubout se ak yon fanmi m abite.

Repons sa fè m viv, kounye a m gen konfimasyon manmzèl lib. Sandra se fanm entelijan, li mande m :

– E ou menm ou gen yon fanmi ?

Woy ! Kesyon sa a sonnen nan tèt mwen, m potko vle vin sou koze sa kounye a. Erezman se egzakteman nan moman sa a pòt la frape, « Kow Kow Kow »

– Antre

Antwàn ouvri pòt la ak yon dosye nan men l, li lonje l ban mwen, epi l di m :

– Gade sa a lè w gen chans, epi di m sa w panse.

– Ok Antwàn.

Antwàn vire pou l sòti. Mwen rele l :

– Antwàn, èske w fè konesans Sandra deja ?

– Non, pa vrèman ; nou wè delwen, pafwa n konn kontre nan koulwa a men m potko gen chans prezante tèt mwen.

Antwàn kanpe devan Sandra epi li di :

– Mwen se doktè Antwàn Pierre e ou menm ?

– Sandra Jeune, men pifò zanmi m rele m Sandie

– Anchante Sandie ! Gen yon pasyan nan biwo m fòk mwen ale men pwochèn fwa n kontre fò n pale plis Sandie.

– Ok Antwàn

Antwàn kite biwo a men avan l fèmen pòt la, li fè m yon siy « mèsi zanmi m », kòmkwa se mwen k ap fè sa mache pou li. Poutan m pa t kontan tande misye rele fanm nan « Sandie ». Ki bagay sa ? Franchman m te pran sa mal kwak mwen pa t montre sa. Sitiyasyon sa a, tou fè Sandra bliye kesyon l te poze sou fanmi m lan, olye de yon repons, li pito l mande m :

– Antwàn se zanmi w ?

– Wi, nou zanmi lontan sa, epi n ap travay ansanm depi plizyè ane.

– Men kòman fè w diferan de misye konsa ?

– Sa w vle di pa sa Sandie ? Mwen pa konprann.

Manmzèl ri, Gary ensiste :

– Non m serye Sandie. Poukisa w ri ? Se pa blag.

– Se pa kesyon w lan non ki fè m ri Gary, se paske w rele m Sandie.

– Men wi, se konsa zanmi w rele w pa vre. Mwen deja konsidere tèt mwen kòm zanmi w. Donk...

– Vrèman, men w poko travay pou pote tit bon zanmi m, donk ou poko gen otorizasyon rele m Sandie. Lè m santi w s'on zanmi tout bon m ap ba w otorizasyon fè sa.

– Di m, ki jan de travay ki nesesè pou genyen amitye w ?

– Gary, ou poko reponn kesyon m nan, ou bliye ?

Kè m fè VAP ! li ale, paske m panse se ak menm kesyon sou fanmi an manmzèl retounen ankò. Mwen mande l :

– Ki kesyon ankò ?

– Pouki w diferan de Antwàn konsa ?

– M pa vrèman konn kòman pou m reponn kesyon sa a. Ban m jis di, nou gen pèsonalite diferan.

– Pandan ti tan m fè isi a, m tade pakèt medam k ap pale mal de misye kòmkwa li s'on vakabon, l pa respekte fanm epi l awogan. Poutan depi yo pale de ou se lwanj yo fè.

Mwen te santi m soulaje tande sa. Mwen di :

– Jis paske w zanmi yon moun pa vle di w oblije suiv sa moun nan fè. Anplis, mwen se yon kretyen. Mwen bay repitasyon m anpil enpòtans donk ou konprann diferans lan ?

– Wi, m konprann Gary. Bon, li lè pou m ale. Mèsi pou enfòmasyon w pataje avè m nan.

Flèch palmis pa fizi

Manmzèl leve kanpe, m kanpe tou yon fason pou m fè ti womantik tou, m ouvri pòt pou manmzèl sòti epi menm moman an selilè m sonnen, foto m ak yon fanm monte sou ekran telefòn nan. Mwen fèmen sa byen vit pou Sandra pa wè l, men manmzèl mande l :

– Apa w pa reponn apèl la ?

– Mwen pa vle okenn kliyan deranje konvesasyon m.

– Waw ! ou fè m santi m vrèman espesyal, Gary. Mèsi...

Mwen souri, epi m pwofite raple l :

– Pa bliye panse ak òf la, m ap tann repons ou.

– Ou konn repons mwen deja.

– Non, ou pa t di m sa w deside, ou te sèlman di w pral reflechi sou sa.

– Lè w te fikse m nan je a, ki sa w te wè ?

– M sonje w te souri, èske sa siyifi w aksepte ?

– Egzaktemen, a pati jodi a, mwen se nouvo asistan w.

Lapoula, m pataje yon bèl lamen fèm, ki te byen prepare pou manmzèl. Men pandan tout koze sa a, m pa pale de okenn detay sou vi prive m. Mwen chanje sijè a nèt lè m mande l :

– Tande, Sandra m bezwen kontak ou ak de referans ankò pou m ranpli fòm legal yo.

– San pwoblèm Gary.

Manmzèl panche sou biwo a, li ekri enfòmasyon an ban mwen.

– Sa se selilè m, sa se imèl mwen. Ou ka tèks mwen lè w vle.

– M apresye sa Sandra. Mwen pa konn si yo di w sa souvan, men pou yon fi ou vrèman san konplèks. Si w pa tande m sou de jou, ou mèt rele m pou enfòmasyon sou jou w ap kòmanse travay avè m.

– Bon, ok fò mwen ale kounye a.

Manzèl pran direksyon pòt pou li...

– Babay Gary !

– Orevwa Sandie ! (Misye ap chache manyen l.)

– Non pa fè m sa Gary, sonje w poko gen dwa sa.

– Mwen pete yon ekla ri

– Aa ! ok, m jis t ap teste w. Men pa enkyete w, n ap bon zanmi avan w bat je w.

– N a wè sa. Bon m ale... Babay Gary !

– Babay Sandra, se te yon plezi pale avè w !

– Ok babay !

– Babay !

Manmzèl vire gade m, nou toude pran ri paske n reyalize s'on jwèt babay ki genlè pap fini, nwit lan ap pran n la a nan di youn lòt « babay ». Lè nou fin ri kont nou, Sandra di :

– Ok dènye fwa m di w sa... babay Gary.

Fwa sa, Sandra pa tann mwen reponn, li ouvri pòt la epi, l pati. Manmzèl kontan, yon kontantman tout moun ka wè sou vizaj li. Ti men l sou kè l, manmzèl pa ka kwè se li ki atire yon gwo doktè nan eta sa. Se kòmsi se tout priyè l ki egzose yon sèl jou. Sanble l ap soufri

Flèch palmis pa fizi

lontan pou mwen. Chak fwa n kontre, manmzèl toujou anbarase m, li mal alèz, epi men se mwen ki ofri l travay nan biwo m kòm asistan m. S'on bagay li t ap tann anlè ki tonbe devan pye l.

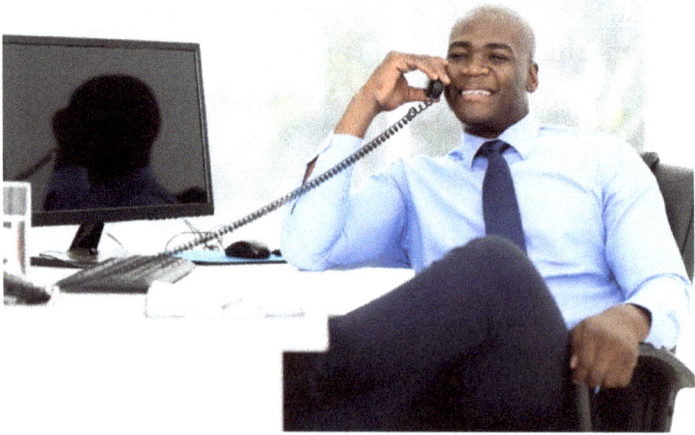

Chapit III

Li pran nan gonm

– Mezanmi, kijan istwa sa rive la ? Dabitid lè yon
gason mande m nimewo m, mwen toujou bay
yon bagay kenbe. Oubyen m montre men gòch
mwen ki gen yon fo bag fiyansay m toujou mete.
Men fwa sa a diferan, fwa sa a se chans pa m nan
menm ki ouvri devan m. Mwen pran tout san m
pou mwen ekri nimewo m bay ; mwen menm
pataje adrès mwen e poutan se pa pòs asistan an
ki enterese m. Bondye papa, men kè m fin debòde
wi ! Se pa jodi a m ap chèche yon nèg serye pou m
fè yon ti renmen. Epi gad jan w beni m. Pou valè
medam ki nan laj Gary, kisa l wè nan mwen ojis ?
Èske se paske m nan yon moman difisil anpil ki
fè m santi m konsa ? Mwen pa panse m gen anyen

pou m ofri l. Petèt se paske m s'on moun ki trè ouvè oswa paske l twouve m janti, kidonk sa atire l vin zanmi m ? Mwen pa konnen, kèlkeswa rezon an, m byen renmen misye. Fason l abiye, jan l konpòte l, vwa l e san konte entelijans li wouy ! Tou sa fè m fou franchman. Mwen pa ka tann pou m nan bra l, pou l fikse m nan zye epi di m « Mwen renmen w ». Kounye a sa m pral fè ? M ap kite se li k kontakte m avan, m pa vle montre l m pi sou sa pase l. O ! Apa l gentan prèske uitè, ala lè kouri anpil papa. Mwen fatige se vre men m pa anvi al lakay mwen. Mwen ta rete nan biwo Gary a ; epi pale tout kalite koze san m pa fè yon pa, dayè m pa gen lòt kote pou m ale ki pi enpòtan. Gade, m apèn kite misye, latristès deja makònnen nan tout pati nan kò m. Se Gary ki nan lide m, odè pafen misye dekontwole m. Woy ! Apa m ap fou, kite m ale tande.

Se ak pil panse sa a, manmzèl kite imèb la…

Pandan tan sa m te pwoche fenèt lan, zye m pa t detache sou manmzèl, m ap admire l k ap defile ; sa ban m yon satisfaksyon total se tankou s'on viktwa m deja ranpòte ; dayè fanm nan jèn e li chaje potansyèl.

Souvan, n tande kèk moun poze kesyon sa a, « Èske l posib pou de moun ki apenn kontre, gason ak fanm annik apresye lòt tou natirèlman ? » Nou jwenn repons lan nan amitye Sandra avè m, se pa t yon bagay ki te planifye ; pa t gen orè espesyal pou n te pale, pa t gen kondisyon pou n te wè nonplis. Se natirèlman fanm nan vire lòlòj mwen, natirèlman li devlope yon atirans pou mwen, anfèt mwen toujou santi yon anvi lè m devan manmzèl. E manmzèl t ap soufri an silans tou lè l anfas mwen, e se pa t aparans oswa lajan ki te pouse manmzèl aji, Sandra senpleman renmen fason m. Pou li pa gen nèg ki pi onèt ke mwen. Menm lè n nan mitan gwoup moun, gen yon jan m voye yon kout je sou manmzèl, epi l deja konprann mwen di l mwen anvi w. Yon sèl ti koutje di anpil bagay. Lè konsa manmzèl souri. Natirèlman m konn kijan pou m konpòte m devan manmzèl. Dèfwa, mwen konn anvi wè l, men m pran pòz mwen pa sou bò l paske gen yon limit mwen pa t vle depase. Sandra pa t kòmanse travay la twò lontan epi tout kòlèg konn sitiyasyon familyal mwen. Kidonk, se te yon santiman m te kenbe kache, m potko ka ouvè pou tout moun wè.

Manmzèl fin ale, m chita atò men m te twouble kòmkwa konsyans mwen pran t ap kale m. Kwayans mwen ak prensip sosyete a kòmanse sakaje m anndan. M ap panse...

 – Kèt ! Mwen pa t chèche sa, se pa t plan m sa. Yon senp anvi, yon ti souri we yon ti dezi tou piti, epi m anvi jwi. Mwen kontre manmzèl yon jou, m di l ay ! li souri depi lè sa tèt mwen pati. Mwen konnen anpil moun p ap konprann se pa yon bagay m fè ak entansyon. Antwàn pral di m s'on zanmi ipokrit, pou Rachèl m s'on pa serye, rès kòlèg mwen yo pral kritike m, san konte kongregasyon m ka menm rejte m. Ayayay ! tout jan m vire... pwoblèm sou pwoblèm. Poutan, m vrèman renmen fason manmzèl, se kòm mwen san kontwòl devan ti dam nan. Kèk fwa, m anvi pran machin avè l, kondui ale yon kote lwen epi disparèt pandan rès jounen an, pase tan ansanm, di l jan m renmen l, epi pataje sa kè n sere pou lòt. Men nan lavi, yon moun pa ka gen tout bagay. Mwen rekonèt sa, e m pa ka pa vle sa rive pi lwen. Bon, m pa dwe bat tèt mwen konsa, pa t gen plezi kò ak kò se jis yon senp anvi. Lè m bouke kontanple manmzèl m a kite sa e se p ap on pwoblèm. Sèl bagay, m dwe sensè avè l, se pou m eksplike l sitiyasyon m, men si m fè sa, ou kwè l ap toujou wè m menm jan an ?

Apre pil refleksyon sa a, m ouvri tiwa a, m rale foto Rachèl epi m di... « Non, m pa ka fè w sa, m pa santi m gen fòs pou sa. Pou jan w te kwè nan mwen. Mwen sou move pant, kèt ! Kisa m dwe fè ? »

Telefòn nan sonnen twa fwa, sou katriyèm nan m pran l :

– Alo !

– Sa k ap fèt nèg pa m ?

– O ! Antwàn, nou la gason m. M ap fini kèk dosye pou m met deyò.

– Pale avè m non Gary, m te wè manmzèl nan ofis ou. Di m non, ou voye nèg pa w monte ?

– Mwen pa t bliye w Antwàn, mwen pale de ou. Mwen anonse l ke m ap bezwen yon asistan.

– Sa manmzèl di ?

– Li aksepte touswit, m panse w dwe pwofite opòtinite sa a pou pi pwòch ak manmzèl, dayè jan w remake sa, manmzèl trè janti. Kounye a balon an nan pye w zanmi. Mete gason sou ou, epi fè sa w dwe fè.

Mwen di sa paske m konnen Antwàn p ap gen chans nan manmzèl vre, puiske m deja gen kontwòl fanm lan, wi ti kè manmzèl deja chita nan pla men m. Donk m di Antwàn sa yon fason pou m voye l pran refi. Antwàn pa panse menm pou yon segond ke mwen atire nan fanm lan. Se pa yon posiblite ki pase nan tèt li menm puiske m se bon zanmi l, anplis misye konn jan m te renmen Rachèl.

– Aa ! Papa se pou byen trete manmzèl wi.

– Ou pa bezwen di sa Antwàn. Mwen konnen w gen enterè nan fanm nan.

– Franchman Gary fanm sa vrèman fè san m mache. M pase plizyè fanm men ti sa a diferan.

– Konsèy m ta ba w Antwàn, pa aji twò pozitif, konsa si sa pa mache pou ou pa desi.

– A monchè, sa w ap di la a, ou pa t wè souri l te ban mwen lè m te rele l Sandie a.

Kèt ! Antwàn tiye m ak repons sa a. Mwen vin sonje lè Antwàn te rele l Sandie a, li pa t met restriksyon sou misye, poutan manmzèl refize m itilize non sa a san otorizasyon l. Sa pouse m di Antwàn :

N ap pale, fò m ale, n a kontinye konvèsasyon sa a demen.

– Pa gen pwoblèm sitwayen.

Lè m fin rakwoche, m di « Ou kwè manmzèl ta fè m sa ? »

Chapit IV

Apa m nan de chemen

M tande yo di lè fanm damou yo ka fè san sot nan wòch ; s'on kokennchenn verite. Sandra nan yon taksi se wè pou ta wè ti dam sa a. Manmzèl tèlman jwaye, pye l pa touche tè, tankou grenn foumi fou, li pa konn kote pou l met kò l. Sandra ozanj ! Li pa ka kwè l ap viv yon bagay konsa. Okòmansman, li te mal alèz devan m men apre bèl konvèsasyon nou an li santi yon bagay li pa ka eksplike k ap travèse l ; yon bagay ki dous, yon bagay ki fè l anvi pouse zèl, epi pran vole. Lajwa make sou vizaj li, yon souri ki prèt pou dechire ti bouch li, manmzèl deja kalalou, se kòmsi li deja anbale kè l nan papye kado epi l mete sa sou kote pou mwen, se jis lonje l potko lonje l ban m. L ap di « Finalman m jwenn yon nèg byen kanpe, k ap la pou mwen, ki pou montre m tout enpòtans mwen, chouchout mwen, ban m tandrès, atansyon ak afeksyon ke m merite». Enterè ak byen m pa t enterese l, anfèt mwen pa t pi bo gason ki genyen poutan se pa t sa Sandra te wè. Ou konn kontre yon moun ki fè w santi w tèlman byen, ou santi w ta rete ak moun sa tout tan, yon moun konsa gen plis valè lontan ke tout byen ak bote ki egziste. Se sansasyon sa a mwen leve nan kè manmzèl. Donk se pa ti espwa Sandra te genyen, e se ak rezon manmzèl te wè aklè ke m renmen l dayè fason m aji, e sitou fason m gade l demontre tout bagay. Se pa san rezon yo di « zye se miwa nanm yon moun». Zye yon moun tèlman sensè w pa menm bezwen di yon mo, yon senp rega sifi pou di yon moun ou renmen l. Sandra menm sonje lè m te kontre l nan koulwa kafeterya a, je n te rete konekte lontan, tankou te gen yon leman ki kenbe yo youn nan lòt, epi nou toude souri an menm tan. Se toujou konsa, lè je n kontre se kòmsi m te ouvri bouch di l « Sandra cheri amou, m pa ka tann pou m pran w nan bra m, m swaf ou, m anvi w wouy ! m̀ vle ti kè w pou mwen sèl». Se tou sa manmzèl li nan je m. Manmzèl te wè lavi a an woz tout bon, li pa t ka tann pou l tande vwa m ankò… Men Sandra pa sonje « Bourik ki twò cho pou al laplèn toujou tonbe nan twou».

Nan moman sa a, lespri m te domine ak dènye pawòl Antwàn lan, se kounye a sa fè sans pou mwen. Mwen te kontinye reflechi konsa « Manmzèl entèdi m rele l Sandie san pèmisyon men l kite Antwàn yon nonm li kontre pou premye fwa itilize non an san pwoblèm, sa sa vle di ? » O ! bagay sa a nève m pou m mouri. Mwen pa t pran sa byen menm e, m gentan regrèt m te konseye Antwàn pou l koze ak manmzèl. Apre kèk minit, m ranmase zafè m, epi m kite imèb la. Men yon lòt moman m retounen nan biwo a, m ouvri tiwa a epi m pran bag mwen ak yon souri, epi m di « m p ap rantre lakay san ou ». Mwen te kòmanse kondi, epi m ap koute yon emisyon sou relasyon fi ak gason. Sijè yo t ap diskite se « èske l posib pou yon nèg renmen de fi alafwa ? ». Waw ! Emisyon sa a tonbe daplon ak sitiyasyon m, sa te kapte atansyon m, se byen gran zorèy mwen te ouvri pou m koute kòmantè oditè yo. Konsa, m tande yon dam k ap pataje opinyon l sou kesyon an. Li di :

– Yon gason ka gen de fanm oswa plis, men l enposib pou l renmen yo de ak tout kè l an menm tan. L ap renmen youn, epi l ap trip ak lòt la paske yo tou de p ap janm jwenn menm nivo afeksyon. E si l panse l ka jere toude, se gwo manti l fè tèt li paske youn nan fanm yo ap neglije kanmenm. Ou pa janm tande chen kouri nan de chimen an menm tan.

Lè dam nan fin pale, moun bat bravo, rele anmwey, fè gwo bri nan estasyon an kòmkwa s'on pawòl selèb manmzèl di. Anfèt, kòmantè dam sa a te menm fè m panse, jis mwen di « kèt ! manmzèl pale ak sajès, s'on verite m pa ka nye… Si kè m pataje pa gen mwayen bay yon lòt moun m renmen tout mwen menm, l ap vrèman enposib pou m demontre afeksyon m, atansyon m, konsiderasyon m, epi pwouve l santiman m pou li jan l merite sa. Waw ! Pye m vrèman mare, jan m renmen Sandra, m pa ta renmen se mwen ki lakòz l ap soufri an ; menm tan m anvi manmzèl jouk nan nanm. Si m pa pale avè l, Antwàn ka pati avè l, epi se mwen ki va soufri. Lè m fikse manmzèl epi m ap admire ti bouch li, fason l pale sa raple m premye ti mennaj mwen. E sa fè m damou manmzèl plis toujou. Si manmzèl pa pataje santiman m, sa m ap fè ? Bon, m p ap kouri vit, avan m mande l renmen m ap pran ti tan pou m byen konnen l, devlope yon amitye solid avè l, jis m aprann sou defo l ak kalite l. Pou sa, m ap envite l sòti apre travay konsa m ap ka wè sa k nan kè l tout bon. Se egzakteman sa m pral fè. M pap aji vit antouraj mwen va pran sa mal ; dayè m panse l twò bonè pou n pale de renmen. Lè n nan biwo m ap fè kòmsi m pa sou bò l, m p ap ba l okenn siy mwen twò sou sa. M ap kite se li k pwouve santiman l pou mwen pito »

Konsa Selilè l sonnen, m te toujou sou wout

– Alo, Andre !

– Gary pitit gason m, sa k pase ?

– Nou la pè Andre, kouman sante a ye ?

Andre, papa Rachèl, bòpè m ki telefone m. Se te abitid li pou pran nouvèl mwen tanzantan.

– Nou anfòm, gason m, nou t ap panse avè w. Epi m te rele w pandan jounen an men sanble w te okipe.

– Wi, ou konnen jan sa ye nan lopital la, m te wè m manke yon apèl m pa t gentan retounen l. Tande, m sou wout lakay men m tou pre n, m ap pase wè n.

– Oke gason m, n ap tann ou.

Avan m antre kay Andre, m vin sonje bag la pa t nan dwèt mwen donk m foure men nan pòch epi byen ranje l nan dwèt mwen, m antre. Magerit, manman Rachèl, ban m yon akolad sere ; li pa vle lache m, li di :

– Pitit mwen, m kontan wè w, se yè n sou non w, n ap fè lwanj pou ou paske w tèlman s'on moun serye Gary. Ou toujou ap travay di ? Fò w repoze w tou wi.

Flèch palmis pa fizi

– Ou konn tout bagay

– Antre… antre vin mete yon ti bagay nan vant lan.

Mwen pase yon bon moman ak yo, epi m pran wout kay mwen ankò men avan m deplase Andre poze m kesyon sa a :

– Gary, mwen wè w yon jan kontrarye, ou si tout bagay oke ?

– Wi pè Andre, se pa anyen mwen jis bezwen repo ; se kèk jou vakans mwen bezwen.

Sa rete la, mwen remonte machin lan epi m pati. Bèl akèy paran Rachèl yo te ret nan panse m, epi dlo kòmanse koule sou vizaj mwen, men pouki ? San dout konsyans mwen k ap travay. Pafwa se pa ni konesans oswa sajès ki manke, nou konnen desizyon n ap mache ak konsekans poutan n pa gen fòs ase pou n di « non », epi fè demi tou. « Non, mwen pa ka fè sa » konsa m eksprime m ak je m tou wouj. Rive yon lè, m kanpe machin nan devan yon machann flè epi m achte yon bèl bouke, abitid mwen sa.

Li te fè nevè diswa lè m rive lakay, m pake machin lan, m ouvri pòt antre, men nèg tèlman te fatige, m pa fè ni de ni twa, m lage kò m sou kanape nan salon an, yon ti dòmi pase pran m…

Apre yon ti benj m wè m antre nan chanm nan, Rachèl te kouche men l pa t ap dòmi, m konnen jan Rachèl renmen ti atansyon l, m pwoche l, pase men nan ren l, karese l, kenbe men l epi m bobo l ; lè sa a Rachèl esoufle, li bay yon gwo souf, epi li souri. Mwen pwofite chouchoute nan zòrèy li ak yon ti vwa dous kou siro myèl.

– Mwen renmen w cheri…

Chapit V

Antwan s'on pwoblèm

De jou pase, li te prèske setè diswa nan mèkredi, nèg fin travay grangou prèt pou kraze kannkès Antwàn, misye deside kòmande yon pla manje nan yon ti restoran ki pa t twò lwen. De tan misye ap plase kòmann lan, li tande vwa de medam k ap ri byen fò, y ap pale ak kè kontan koze yo sanble gou anpil paske se gwo bri medam yo fè, w a di se anndan salon lakay yo restoran an te ye. Apre l fin sekwe tèt li, Antwàn vire gade medam yo… O, o ! misye pa t atann ak sa, se moun li konnen… Sandra chita ak Anita yon bon zanmi l. Kapab byen se koze Gary, Sandra ap pataje ak Anita.

Antwàn vin sonje Gary te di l « lè l jwenn opòtinite li dwe pwofite, donk misye pran rezolisyon pou l pa kite opòtinite an lò sa a pase ». Misye fè kòmsi l ap sòti epi l fè kèk pa an aryè li di :

– Se pa Sandra sa ?

– Sandra vire pou l wè moun sa...

– O ! Antwàn, kouman w ye ?

– Mwen byen, ki mirak ou nan zòn nan a lè sa ?

– M ap pase ti tan ak zanmi m k ap vwayaje nan de jou

– M konprann.

– Kite m fè w fè konesans.

Sandra tounen atansyon l sou Anita li di :

– Anita, se kòlèg travay mwen, Antwàn. Antwàn reponn :

– Anchante Anita, ou se enfimyè tou ?

Anita reponn :

– Non, zafè medikal pa domèn mwen ; m plis enterese nan komès.

Sandra koupe pawòl Anita li di

– Anita w wè la a se gwo komèsant wi Antwàn ; li fè vwayaj ale vini de Sen-Domeng ak Kiraso.

Antwàn di :

– Ebyen Anita, ou s'on fanm ki degaje w ase byen.

– Wi ou ka di sa Antwàn, m debrouye m jan m kapab.

Men Anita ap obsève Antwàn, l konprann touswit misye vle di yon bagay men prezans li sanse anpeche sa fèt natirèlman. Anita di :

– O ! Sandra, m ap oblije ale ; m g'on moun k ap vin kote m, m bliye sa nèt. M a rele w pita tande.

– Omwen, kite m akonpaye w nan estasyon taksi a, Anita.

– Pa enkyete w machè.

Anita deplase, Antwàn di Sandra :

– M ka fè ti chita ?

– Si w vle, men m p ap rete pou lontan.

Antwàn chita nan plas Anita a, epi l di :

– Si w pa rete pou lontan, m konprann sa. Dayè se se yon chans ki fè n kontre aswè a.

– Ki bon van k mennen w la ?

– M tèlman grangou, vant mwen pran bouyi fè tout kalite bri ; m deside pase pran yon ti bagay avan m pran wout kay mwen, paske si m pa fè sa, vant mwen ap tounen yon òkès misik.

Yo toude ri, Antwàn se jènjan galan ; li tou pwofite konplimante manmzèl konsa :

– Komanman ! Ala fanm gen bèl souri papa ! yo pa janm di w jan souri w atiran ?

– ou twouve sa ?

– Si m twouve sa, gen de kesyon w pa poze machè ; se pa jodi a m ap admire w.

– Pa jwe !

– Serye, m ap suiv demach ou lontan, men m pa t gen opòtinite fè ti koze jis m vin kontre w nan ofis Gary a.

– E pouki w ap suiv mwen konsa ?

Flèch palmis pa fizi

– Tande Sandra, m ap sensè avè w ; m pa jan de gason ki nan ekri pwezi, voye chansonèt oswa tounen an won san di anyen. M ap klè avè w, depi premye fwa je m tonbe nan pa w, epi w souri, menm moman sa m di « Komabo ! Ala yon bèl bebe papa !» M pa t pran tan pou m enfòme sou ou. Depi jou sa a m ap suiv demach ou, epi lè m vin abòde w nan biwo Gary a, ou reponn ak yon jantiyès ki touche m anpil. Se nan moman sa a tou, m reyalize m pa ka jis yon zanmi pou ou, m dwe konnen w nan yon lòt nivo. M pa t panse w te ka fè m mache konsa... Fason w tèlman diferan de lòt yo. Ou emèveye m, ou limen anndan m, ou reveye sans mwen, e m santi m byen. Imajine sa, yon moun ou kontre pou premye fwa gen tout efè sa a sou ou, franchman se destine pou sa a menm si tou sa m posede pèdi, m vle toujou rete pre w Sandra. Sensèman, se yon moun tankou w mwen t ap chèche.

– Waw ! Antwàn mwen pa wè sa pou m di ; mèsi pou konpliman sa a.

– Sandie, m gen enpresyon lè Bondye t ap fè w, li te itilize yon kreyon pwenti, epi l pran san l pou l desine w ak anpil atansyon.

Manmzèl pete yon sèl ekla ri...

– Se vre wi Didie, lè m fikse w se pèfeksyon m wè devan m.

Ti po Sandra kòmanse fè boulboul, ranpli ak chèdepoul ; manmzèl tande pale de Antwàn kòm yon nonm ki renmen fanm donk li mache ak repitasyon l. Poutan, pawòl misye dous nan zorèy manmzèl. Sandra mande misye :

– Didie menm… Apa w chanje non m Antwàn ?

– Wi cheri, pou yon kreyati osi joli, Sandie on jan twò lou. Didie plis mache ak bote w, dayè se ak pi bèl fanm sou latè m chita la, m pa ka rele w nan okenn non ki lou.

Woy ! si manmzèl te ka pouse zèl epi vole nan syè l, franchman anyen pa t ap rete l paske Antwàn karese zorèy li ase byen. Antwàn se nèg ki toujou mache tou pare ; li pa t kanpe la, li kontinye :

– Waw ! lavi sa a dwòl Didie. Ou konnen avan, m pa t yon nèg ki enterese nan relasyon serye, poutan depi m fin kontre w la, lajounen kou lannwit se ou k nan panse m. Franchman ou domaje m, ou domine m, w anpwazone m, e w anprizone m. Pou m ta santi m nan nòmal mwen, se ti kè w pou m ta jwenn Didie. Tanpri, pa refize m, pa reziste m, pa repouse m.

– Ala nèg dirèk papa ! Donk ou vle m ba w ti kè m, apre pou w kraze l menm jan w kraze kè pil lòt medam yo ?

– Didie, ban m di w yon bagay : gen gason nan plas mwen kounye a ki t ap di w nenpòt sa yo vle jis pou pran kè w, men se pa mwen sa. M renmen w ak tout kè m, manti pa gen plas devan w.

Misye retire selilè l, epi l montre manmzèl plizyè foto fanm. Epi l kontinye pale :

– Mwen sòti ak tout medam sa yo, men lè sa a se plezi k te nan tèt mwen, m pa t enterese nan bati fwaye. Ou wè, m pa kache w anyen, konsepyon m vrèman chanje, e m pwomèt ou, m p ap janm kraze ti kè w, okontrè se bati m vle bati avè w Didie. M vle bati yon fwaye avè w, m deja wè w nan avni m ; m vle w pote non m, e m vle w pote pitit mwen tou. Ou s'on fanm de kalite kisa ankò yon nonm bezwen. Antouka, m kite tou sa m te konn fè lontan dèyè. Mwen damou w, e m vle pase vi m avè w. Jès mwen, aksyon m ak pawòl mwen montre w jan kè m bat fò pou ou Didie.

Anmwey ! Ti dam nan pa konn kote pou l met kò l devan pawòl sikre sa yo. Manmzèl deja kalalou, li di nan panse l : « Ou wè lavi sa a, on moun bezwen pasyans paske avan m te bezwen yon sèl nèg m pa t ka jwenn, kounye a gen de ki renmen m... Antwàn bo gason, li dirèk epi sanble li sensè nan pawòl li. Gary pi aje men l tèlman debyen, s'on nonm franchman m pa konnen ankò... li onèt, li atiran, li gen bonjan e li gen sousi pou mwen. M pa konn sa pou m fè ».

Sandra reponn Antwàn konsa :

– Antwàn, m pa konn sa pou m di w franchman. Tèt mwen chaje, m pwomèt m ap gen yon repons pou ou.

Li potko fin di sa ki nan panse l, selilè Sandra pran sonnen nan valiz li, moun nan pèsistan, manmzèl oblije reponn apèl la ; li di Antwàn :

– M ap vini, eskize m.

Li deplase epi l repon apèl la :

– Alo, se kiyès ?

– Gary.

– O ! Kòman w ye ? M yon jan okipe la a.

– Mwen p ap kenbe w pou lontan. Mwen jis te rele w pou anonse w ou ka kòmanse travay avè m demen maten.

– O ! Oke, a demen.

Manmzèl retounen sou tab la, men li yon jan kontrarye ; ou konn tande yo di « de pye yon moun nan yon sèl soulye », se Sandra sa. Sanble manmzèl gen santiman pou de gason men s'on sèl chwa li ka fè. Sa pa fasil… Li mande Antwàn :

– Kisa w vrèman wè nan mwen ?

– Puiske w mande m, kite m di w… m wè yon fanm ki bezwen yon gason ki pou renmen l tout bon paske w s'on fanm sensè, ki p ap fè tenten pou richès, ki konn sa l vle, ki chaje bèl kalite tout gason renmen ak anpil jantiyès. Sanble w ou se jan de fanm ki pare pou gate mari w. Ou s'on boul sik, m vle w sikre kè m maten midi swa. Ayayay, m pa ka tann pou w nan bra m, pou m fikse w nan je epi bwè nan sous dlo w chak lè m swaf, Didie, ti bouch ou sanble pi gou pase dous makòs. Donk se yon fanm total mwen wè devan m, yon fanm mwen vle pou madanm mwen. M pa ka tann pou m chouchoute w…

Antwan pran men manmzèl sou tab la, l ap karese sa epi l di :

– Mwen pa t planifye kontre w aswè a, men m te prepare pou m revele w santiman m. Chouchou, pa enkyete w, pa fatige w sèl sa k dwe nan panse w sèke mwen renmen w ak tout kè m. An n kite lepase dèyè, epi an nou konjige fiti nou ansanm. Pran tan ki nesesè epi ban m yon repons.

Manmzèl vin wouj kou grenn tomat, li pa fouti ouvri bouch ; li sèlman di nan kè l « Jezi papa, kote m pran la a ? »

Flèch palmis pa fizi

Chapit VI

Woy ! M dekontwole

Sandra te manke sèlman zèl pou l te vole devan tout
bèl pawòl Antwàn yo. Kwak fanm nan kite misye nan
restoran an, poutan jis li rive lakay li, zòrèy li te tou-
jou dous. Sandra te ozanj, l ap panse ak rega enpozan
Antwàn ki fikse l tout pandan ti mo sikre pran degoute
nan bouch misye lè l di « Non Sandra, m pa vin kraze kè
w, okontrè se bati m vle bati avè w, m vle w pou madanm
mwen, manman pitit mwen ». Ayayay ! Sandra di « ou
konnen, Antwàn pa osi mal jan anpil moun panse a,
se chans yo pa ba l pou konnen l byen ». Rive yon lè,
manmzèl tèlman anpòte pa sansasyon konvèsasyon l ak
Antwàn se kòmsi l pa t ka sipòte chalè sou po l ankò.
Bon se natirèl paske lanmou toujou fè dekabès, lanmou

toujou soti loreya. Pikotman ak chèdepoul fin anvayi l, manmzèl antre nan douch la, men malgre sa l te toujou cho ; ou konnen lè kè fanm touche ak lanmou se gwo maladi. Manmzèl vin sonje Anita te pwomèt l ap rele l nan aswè. Puiske l enpasyan epi l pa ka kenbe gwo koze sa a pou li sèlman. Sandra pa ka tann, pye l pi kout, donk li pran devan, li telefone Anita :

– Anita pitit, m gen koze pou ou.

– Sa k pase ? Ti mesye a mande w renmen ?

Toude medam yo pete yon sèl ekla ri... Sijè lanmou, relasyon fi ak gason se sijè anpil fanm apresye. Sandra pwofite eksplike Anita dewoulman konvèsasyon l ak Antwàn :

– Jan w tande a Anita, misye mete pou mwen, m gen enpresyon si m pa t chita, m t ap tonbe. Li pa menm ban m chans pou m respire, vwa pou m ta eksprime m, tèlman li devwale santiman l pou mwen. Anfèt, misye rakonte m l ap suiv mwen depi m kòmanse travay anndan an men se okazyon l potko jwenn. M pa kache di w...

Anita pran lapawòl :

– Se gwo koze Sandra.

– Sa k ta di sa.

– O ! Apa w bliye Gary ? Pou jan w t ap eksplike m fason nonm sa a debyen, genlè Antwàn efase misye nan panse w.

– Non se pa sa, m pa bliye Gary, men m p ap ba w manti Anita, Antwàn vrèman enpresyone m. Mwen pa t panse l te debyen konsa. Li pa parèt mal menm. Si m te koute pawòl moun di sou li, m pa t ap menm ba l tan m, e poutan l t ap peye pou koupab san jijman.

– Donk kisa w panse fè ?

– Se pwoblèm nan sa Anita, de mesye yo montre anpil enterè pou mwen. Antwàn jèn gason, misye dirèk, li byen kanpe, li bo gason, li konn pale epi l sanble l womantik anpil, misye g'on seri pawòl k ap sot nan bouch li se wololoy. Gary pi aje, li trè rezève men l demontre m aklè l gen santiman pwofon pou mwen. Anplis Gary pa jan de moun ki pral jwe ak santiman fi ; mwen kwè nan sa. Yo di se de bon ki fè bonbon, mesye sa yo franchman se bonbon nèt. Epi se de bon zanmi, sa rann bagay la pi difisil paske nenpòt sa m fè, amitye sa ap kraze kanmenm. M pa konn sa pou m fè.

– Jan sa ye la Sandra, bagay la malouk nan men w wi

– Ou wè sa tou pitit. Tanpri di m sensèman, sa w t ap fè si w te nan plas mwen ?

Relasyon yo te ale pi lwen ke yon senp amitye. Sandra te konsidere Anita kòm gran sè l, paske manmzèl gen anpil sajès nan fason l, donk se pa san rezon Anita t ap byen mennen nan ti komès li ; s'on fanm ki plen lizaj e ki toujou djanm, jan de fanm ki pa kite anyen pote l ale. W a di batri moral manmzèl toujou chaje ni pou li ni pou zanmi l. Pou rezon sa, Sandra toujou vin sou do pye manmzèl pou direksyon ak gwo desizyon l gen pou pran. Anita reponn :

– Sandra, m ap pataje avè w yon pawòl manman m te renmen raple m lontan, li te konn di m : « Nan lavi tout sa k parèt two fasil toujou gen pyèj kache.» Se pa pou dekouraje w, mwen di sa men s'on verite ou pa dwe iyore.

– O ! Anita, apa w vle fè m konprann m twò prese ?

– Non, non se pa sa Sandra. Nou zanmi lontan machè, dayè si w jwenn yon nanaj pa gen moun k ap pi kontan pou ou ke mwen, m konnen tèt ou byen plase sou zèpòl ou ; je w ouvri, ou gen sajès, epi w konn sa w vle men pa bliye pafwa yon moun ka posede tout kalite lizaj ki genyen poutan sikonstans fè l pran move desizyon. Yon moun ki nan grangou ak vant kòde depi plizyè jou e ki vin jwenn yon pla, l ap plis enterese l plen vant li olye pou l kesyone si manje a gen epis ou non. Mwen konprann ou zanmi m, men kite m poze w kèk kesyon : Depi konbyen tan w konn mesye yo ? Sa w tande sou Antwàn yo, èske w konfime yo ? Se vre l ka parèt sensè devan w, men sa k di l chanje tout bon vre ? Epi Gary, pou jan misye chaje konpetans, pou jan w di l atiran ak tout lòt bèl kalite w site yo, ou pa twouve sa etranj pou yon nonm konsa pa gen yon fwaye ? E si l pa gen fwaye ki pwoblèm li ?

– M ap rele anmwey wi Anita ou sanse… hum !

– Sanse kisa Sandra, jan m di w deja se pa pou dekouraje w mwen jis vle w sonje « Atansyon pa kapon ». Toujou sonje senk minit plezi ka fè w monte lesyèl pa do, tèlman sa dous ; an menm tan l ka rann tout rès vi w mizerab. M pa ta vle sa pou ou Sandra.

– M konprann Anita, pou byen di w, m pa konn mesye yo twò lontan, se twa mwa m pral gen nan lopital la. Men ti moman m pase ak Gary a, franchman ou ka wè jan misye debyen, s'on nonm kè nan men, on relijye epi ou kwè se nonm atiran sa, menm ou menm t ap fini pa renmen fason l. Antwàn li menm, g'on cham sou li ak yon

Flèch palmis pa fizi

senserite, Imajine w sa, byen alèz misye ouvri telefòn devan m, montre m konvèsasyon l ak ansyen menaj li, se pa tout gason k ap fè sa.

– Ou te mande m sa m t ap fè nan plas ou Sandra... M pa t ap bay ni youn ni lòt repons touswit. M pa t ap kite bèl pawòl bwote m ale, ni avegle m. Mwen t ap kontinye suiv demach toulède pito, toutpandan m kontinye enfome m sou yo. M t ap kite tan pase jis pou m wè kiyès nan yo ki vrèman renmen m, kiyès ki pa nan manti, epi m t ap pran yon desizyon. Bon, se sèl sa m ka di w.

– Mèsi pou konsèy ou Anita, m kontan ti pale a. Nan maten m gen pou m komanse travay ak Gary, menm souri m p ap souri, men m ap ouvri je m pou m wè jan de moun li ye toutbon.

Konsa medam yo fin koze, men konvèsasyon sa a te transfòme lajwa Sandra a an chagren, menm kote a dis mil panse te bonbade lespri l. Lè w nan dout, move panse monte nan tèt ou byen fasil... Sandra menm di « Pinga se jalouzi ki pouse Anita pale konsa, manmzèl pa gen mari l, li pa gen mennaj epi l wè m gen de gason ki dèyè m ; kapab s'on fason pou l dekouraje m ». Sandra kontrarye, fatig anvayi l, manmzèl monte kabann epi l dòmi. Konsa li wè se mwen k ap antre nan biwo m, epi de enfimyè kanpe men nan ren nan yon kwen y ap obsève m nan pòt la epi youn nan yo lonje dwèt sou mwen ak tristès make sou vizaj li pandan lòt fanm nan pran sekwe tèt. Sandra pantan nan mitan nwit la, sa l wè a anmègde l. Manmzèl leve chita epi l pran panse : « Mwen touve sa m wè a dwòl, sa rèv sa vle di mezanmi, ou kwè s'on malè k ap vin pou mwen. Petèt Anita gen rezon. » Dòmi fini pou Sandra, je kale l ap kalkile jis kòk chante nan maten. Manmzèl leve, l okipe kò l epi l pati.

Sandra rantre nan biwo Gary... Li pran m pa sipriz paske l pa t frape, li jis ouvri. Men m gentan wete bag la lontan, m kanpe ak blouz blanch mwen sou do m chèlbèreman puiske fanm nan devan m, mwen ranje tansyomèt mwen nan kou m bwodèreman, e mwen di :

– Bonjou Sandra.

– Bonjou Gary.

– Jodi a s'on gwo jou pou ou.

– Men m fini pa remake se pa menm vizaj m abitye a Sandra ban m. Manmzèl te yon jan move. Dayè, fason l reponn mwen an demontre sa, manmzèl di :

– Ou kwè sa ?

– Wi wi, biwo sa a se pou ou, mete w alèz.

Sandra potko menm depoze zafè l, yo rele m nan ijans. Mwen di Sandra :

– Tanpri, pran tansyomèt ou an ale vit vit.

Nou kouri desann sou tèt nan depatman ijans lan. Ka a te ijan vre, yon ti pitit fi dizan ki pran bal pandan l ap jwe anndan lakay li. Ti pitit la te san konesans, epi manman an menm prèske pou fou pou tout tan pitit la ap rele.

Mwen resevwa ti pitit la nan chanm operasyon. San pèdi tan, mwen fè sa m dwe fè kòm doktè konpetan. M touche timoun ak konpasyon, m pran tout san m, w a di se te pwòp pitit pa m. Sandra la, ap asiste m. Men l sezi wè jan m gen sousi pou pasyan m. Se te premye eksperyans Sandra nan ijans bò kote m.

Vè de zè aprèmidi, m kite chanm operasyon an, epi m pase wè manman timoun nan. M garanti l ti pitit lan anfòm, men l toujou andòmi ; m kite l nan sewòm. Ak tout emosyon yon manman genyen, dam nan di :

Flèch palmis pa fizi

– Dòk, se sèl Bondye ki ka remèt ou sa, s'on sèl la m genyen.

– Se travay mwen sa, men kòman w santi w ?

– Bon ! m anfòm ! Men m sitou enkyè pou pitit mwen ki nan soufrans. Ou ban m bòn nouvèl, m ap tann.

– M konprann ou madam, se nòmal pou w enkyè. Erezman, m ka di w kondisyon malad la evolye trè byen. Sèl sa l bezwen se repo ak pasyans. Si w vle vini nan biwo mwen pou n fin pale.

Pandan dewoulman konvèsasyon an, Sandra pa di yon mo, l ap obsève. Lè m retounen nan biwo m, Sandra ak dam nan te la tou. Dam nan di :

– Dòk, alaverite se pa premye fwa m tande pale de ou nan lopital la. Se isi a m toujou mennen Nadia pitit mwen pran vaksen depi l te bebe. Poutan, se premye jou nou pale fas a fas. Men m tande pale de ou anpil. Pèsonèlman, m wè aklè pou ki rezon w popilè konsa. Pèmèt mwen prezante tèt mwen... Mwen se Minouch.

– M kontan fè konesans ou Minouch, e m kontan opòtinite pou m pran swen pitit fi w. Ou konn Enfimyè sa ? Se Sandra.

Minouch reponn :

– Non, se premye fwa n kontre. Mèsi mis Sandra.

– Pa enkyete w, se doktè a ki fè tout travay la.

Minouch obsève zye m, li ka wè jan m pèdi nan Sandra pandan manmzèl t ap pale. Li di :

– Sa bèl anpil lè mari ak madanm travay ansanm.

Ou pa kontan dok ?

Mwen te kontan tande mo sa yo, m souri, m rejwi, m te menm transfòme. Ou ta di se lwa ki monte m. Lè sa je Sandra tonbe nan pa m epi manmzèl souri tou, tout move jan l te gen avan an vole gagè. Minouch kontinye :

– M pa konprann mwen di yon bagay ki mal ?

Mwen reponn :

– Non Minouch, se jis Sandra pa madanm mwen, se asistan m e se bon zanmi m tou.

– Antouka, nou sanble nou fèt pou youn lòt.

– Nou tout pran ri. Menm kote a, Sandra santi yon sèl filing li di nan kè l « Gary sa a oulala, m renmen misye » ; se kòmsi manmzèl te li panse m, pa anba mwen lonje yon ti moso paye ba li. Sandra ouvri l tou dousman, se yon kesyon « Ki pwogram ou apre travay ? »

Chapit VII

Lanmou gen pouvwa

Minouch deplase, li kite Sandra avè m san mo, youn ap gade lòt kòmkwa gen koze nou ta vle pale men jès sanzantann sa sanse fè n jennen. Mwen bezwen repons Sandra, e manmzèl ap panse ak sa m gen dèyè tèt mwen ak ti moso papye sa a. Kesyon an senp men repons lan pa t osi senp. Manmzèl mande m :

– M vrèman dezole Gary, m gen plan deja lè m fin travay. Sa w te gen nan lide w menm ?

– Bon, pa anyen k serye, ou konnen jan travay sa a gen estrès donk m panse puiske demen samdi se konje petèt m te ka pwofite montre w apresyasyon m apre travay puiske koulye a nou gen pou n wè youn lòt souvan, nou dwe elaji n yon tikal plis.

– O ! m konprann…

– Manmzèl fè yon ti panse konsa : « Sa t ap yon bon opòtinite pou m

– konn misye ak vrè santiman k ap kannale anndan l. » Li kontinye :

– Demen nan apre midi, m ap disponib, si sa p ap deranje w nou ka kontre.

– Demen ap pafè Sandra… rele m epi m ap pase pran w.

– Ok, m ap kontakte w.

Nou kontinye travay nou, men chak fwa je n kontre nou souri. Konsa jounen an pase jis Sandra ale.

– Orevwa Gary !

– Babay Sandra. N a wè demen.

– Oke, a demen.

Sandra kite m nan biwo an. « Mwen gen fanm sa vre », konsa m panse, dayè ki lòt garanti m bezwen plis ke sa. Fanm nan aksepte òf travay kòm asistan m, men koulye l sanse aksepte envitasyon sòti avè m. Bagay yo ap byen mache pou mwen. M ranmase bag mwen, m vini pou m met sa nan dwèt mwen epi m souke tèt, m foure l nan pòch mwen pito, epi m kite ofis la. Mwen te nan imèb la toujou pandan m pral desann eskalye a, mwen kontre bab pou bab ak Antwàn. Menm kote a gwo akolad pataje…

– O ! Gary sa k ap bay nèg pa ? Ou kite bonè wi.

Flèch palmis pa fizi

– A a ! Nèg yon jan fatige, ou konnen tèt lan chaje.

– M konprann sa, men koman w santi w menm ?

– Monchè n ap debat, se lavi, nèg pa ka chanje sa.

– An pasan, m tande w fè yon kokennchenn travay jodi a papa, se tout moun nan lopital la k ap pale sou fason w sove lavi ti pitit la.

– Se vre ?

– O o ! Nouvèl sa simaye tout kote monchè. Franchman eksperyans ou san parèy Gary, m swete tankou w yon jou.

– W ap vini Antwàn, pa bat kò w.

– Avan m bliye, se kòman Sandra debwouye l pou premye jou l ?

– Manmzèl san repwòch gason m, m pa regrèt li aksepte òf la.

– Waw ! Manmzèl sanble entelijan anpil nèg. Mwen te avè l yèswa, pa kowensidans nou kontre konsa konsa, epi jan w te pouse m fè sa, m mete pou manmzèl... M bay manmzèl bon pawòl. M mande l renmen sou plas, s'on repons m ap tann nan men l, ayayay san djòlè Gary m gen manmzèl nan pla men m nèg.

Antwàn fann kè m ak revelasyon sa a, son vwa m chanje yon sèl kou. Mwen reyalize bagay lan sanse gate nan men m. Si Antwàn jwenn fanm nan mwen chire. Donk mwen di Antwàn :

– Ou pa panse w kouri twò vit ? Dam sa a merite yon relasyon serye.

– Sa w vle di pa sa ?

– Se pa atake w, se jis m konnen jan w ye ak medam yo. M panse Sandra merite plis toujou.

– M wè sa deja Gary, manmzèl fè san m mache yon fason okenn lòt fanm pa janm rive fè sa, si nèg tankou m ka rive damou m pa bezwen di w anyen ankò.

– Ebyen m swete l ba w yon repons pozitif, tande Antwàn fò m ale nèg, n a pale.

Nou separe. Men m kontrarye serye, m ap mande « ou kwè vrèman manmzèl gen santiman pou Antwàn ? », sa dwòl, fanm nan pase tout yon jounen avè m poutan menm yon sèl fwa l pa site non Antwàn alòske l te ak misye nan lasware. Kèt ! Mwen malad, mwen dwe leve pye m, wi m dwe aji vit. Mwen telefone Sandra sou wout :

– Sandra, m pa deranje w ?

– Non non, sa k genyen Gary ?

– Bon, m t ap panse konsènan rankont pou demen an, sa w panse si m ta pase pran w vè zòn midi konsa ?

– Men Gary, m kwè se mwen ki dwe konfime avè w ?

Manmzèl ri pandan l nan telefòn nan, epi l kontinye konsa :

– De tout fason, m pa gen pwoblèm. Ou mèt pase pran m, men w poko di m kote n prale ?

– Kote a s'on sipriz, jis mete w rilaks.

– Oke Gary, m ap fè sa.

– A demen !

– Oke bay !

Mwen kontinye pran wout la, m kanpe m achte flè jan m gen abitid fè sa, epi m rantre lakay. Nan demen, li potko midi mwen te devan pòt Sandra. Manmzèl kontre m ak yon ti ròb byen plake ki revele tout fòm li. Manmzèl wè m, li banm yon souri ki paralize m, li monte machin lan, bouch mwen ret ouvri… Fanm nan pran m vre, li di :

– O ! Dòk, m pa rekonèt ou non, m pa t panse moun tankou w konn met ti mayo sou ou, franchman m sezi.

Manmzèl pran ri. Mwen ri tou epi m reponn :

– Gen anpi l bagay ou gen pou w aprann de mwen Sandra.

Konsa n pran wout lan, n ap pale, bay blag jis nou rive nan yon restoran kiben. Mwen di l :

– Ou manje isi a deja ?

– Non, premye fwa m vin la.

– Se byen sa, donk sipriz lan mache. Men se poko anyen sa Sandra, manje isi a se koupe dwèt.

– M pa ka tann, se yon bèl eksperyans Gary, mèsi.

Nou manje vant plen, nou bwè bon diven pandan n ap pale bagay serye. Mwen mande l :

– Sandra, m g'on kesyon… èske w panse gason ak fi ka zanmi san enterè ?

– Mè wi, sa posib, m gen zanmi fi ki chaje zanmi gason, poutan yo pa nan anyen ak yo, men…

– Men kisa ?

– Li pa enposib pou santiman devlope tou, dayè m
toujou tande yo di gason ak fi pa ka gen amitye
natirèl paske fi se gaz, gason se alimèt.

Se ti dam ki renmen ri, l fin di afè l epi se li k ap ri
pou tiye tèt li. Mwen reponn li :

– Sa w di a se vre, li byen posib, men pafwa se nou
k konplike bagay yo. Oke men on lòt kesyon.

– O o ! donk se konsa, ou fin ban m manje epi
koulye a w ap tiye m anba kesyon.

Sa fè m souri, fanm nan enteresan. Mwen kontinye
pale :

– Non m p ap tiye w machè, se premye fwa n
sòti ansanm nan kad detant donk m ta renmen
konnen panse w sou kèk sijè.

– ok, se ki kesyon sa Gary ?

– Ou panse l posib pou yon gason pran abitid
admire yon fi san l pa gen santiman pou li ?

– Woy ! pouki tout vire tounen sa a Gary, ou vle
zanmi m ? Mwen pa timoun ou mèt dirèk avè m.

– Se sa menm Sandra, rezon k fè m poze w kesyon
sa yo se pou evite tout konfizyon. Paske sa m vle
avè w plis ke yon senp amitye.

– Vrèman ! E ki sa w vle ojis ?

– Ou konnen, lè yon moun kontrarye oswa l endesi,
li di sa l vle, m tande sa souvan. Se pa ka m sa
Sandra. Mwen p ap twonpe tèt mwen a sa m pral
di a. M ta renmen gen plis ke amitye w, m vle w
nan vi m.

– Men Gary w pa konnen m.

– Tou sa k nesesè de ou, m deja konnen l. M pa konn kouman w wè m, men pou mwen ou se yon moun ki koute chè, yon moun m apresye anpil.

– Gary, se vre n toujou fè ti pale detanzantan, men koulye a ou se patwon m. Kòman w panse lòt moun pral wè sa, anplis ou panse m ap alèz pou m kontinye travay avè w ?

– Sandra, m panse ak tou sa w di la, m vrèman serye si w wè m pwoche w konsa se paske m kwè se konsa m santi m vrèman. Pouki m dwe pèdi tan ? Pouki m pa onèt avè w ? M panse anpil anpil sou fason m dwe pwoche epi pataje tou sa k nan kè m. Men puiske ou se asistan m, n ap travay ansanm mwen pa ta vle pèdi amitye n, ni fè w santi w mal alèz donk si w panse l pa nesesè pou m kontinye devwale w santiman m, mwen p ap di plis ke sa, puiske m ta toujou renmen wè w kote m.

– Ou mèt pale, anfèt m vle tande tou sa w anvi di m.

– Sandra m pa yon blofè, si w ban m yon ti tan w ap wè ke m vrèman diferan. Ou ka pa kapab wè sa aswè a, petèt s'on lòt jou w va konprann jan santiman m pou ou sensè.

– Gary, m wè jan de moun ou ye. Men di m sensèman, depi kilè w santi tou sa pou mwen ?

– Ou sonje premye fwa n gen chans travay ansanm, mwen te mare, m di « kèt ti dam sa diferan ». Depi lè sa, chak fwa m wè w se tankou vòlkan anndan m ki reveye. Ou nan panse m toutan, imaj ou toujou nan panse m, lanwit se ou m reve. Ou tounen pwojè sekrè m, mwen pa prese

Sandra, wi m gen anpil laj menm pasyan. M gen tout tan disponib pou ou, lage kè w nan men m. Franchman w s'on kado Bondye mete nan vi m. Konnen w pa konnen jan m swaf ou. Se ak tout kè m mwen di w mwen renmen w Sandra, eskize m si w panse m fè sa twò vit, m jis pa ka tann pou m renmen w, wi m pa ka tann. Si w te kab ouvri kè m pou w ta wè jan m ap debòde ak santiman pou ou, se mwen k konnen.

– Konsa menm waw ! M pa wè sa pou m di Gary.

– Sandra, se pa de detrès ou retire nan tèt mwen lè w kote m. Menm si kè m sere mwen santi m jwaye lè w devan m, e si w souri menm mwen pran filing kè m fin dechire mwen jis pa montre sa. Kwè m, pa gen anyen k pou anpeche m renmen w. Wi, ou mèt ret kwè m ap toujou bezwen w, ou s'on mèvèy ou san parèy. Pou mwen ou s'on zetwal k ap klere m lanwit kou lajounen. Si w ban m pèmisyon pou sa, m pre pou m trase yon plan sou kè w Sandra.

– Di m Gary, èske w si sa w santi an se lanmou l ye ?

– L pa gen dwa lòt bagay ke sa machè, lanmou m pou ou se nan fon kè m sa chita. Fikse zye m pou w wè, ou ka li panse m Sandra. M pa konnen ki sa m ta bay pou m genyen w nan vi m.

– Gary w ap tiye m serye.

Je sandra pa fouti ret ouvri, manmzèl san pozisyon. Mwen kontinye pale :

– M ap di w sa Sandra, chak fwa n kontre epi nou pale oswa blage se kòm m vin pi pwòch ou toujou, lè w deplase m vle fou, m pa konprann pouki ni kòman m santi m konsa. Men se fason kè m

Flèch palmis pa fizi

eksprime l. M espere ke w p ap diferan avè m paske m revele w tou sa. M pa vle w kraponnen. Souri w dous tankou sous dlo, vwa w fè m cho tankou solèy midi ou fè m bliye lavi di, lapenn ak pi l pwoblèm. M pwomèt ou m ap toujou ret kote w, kèlkeswa difikilte m ap toujou renmen w. Ou fè kè m vibre serye Sandra. Se ou m vle, konnen w pa konnen Sandra.

– Gary, mwen pataje santiman w.

Mwen bay manmzèl yon akolad ki makonnen ak yon pasyon otantik. Lè n resi lache lòt. Manmzèl di m :

– Tanpri, mennen m ale.

Rive devan kay manmzèl, mwen akonpaye l nan pòt lan… manmzèl di :

– Babay Gary, mèsi pou moman an.

– Babay Sandra.

– Bay.

– Bay Sandra.

Nou toude ri epi manmzèl di m…

– Nou jwe jwèt sa deja ou sonje ?

– Wi, wi m sonje. Pou yon dènye fwa babay Sandra.

– Pa rele m konsa.

O ! M pa t atann ak sa, m sezi, pouki l di m sa mwen pa fin konprann. Mwen mande l :

– Sa w vle di pa sa ?

– Pou ou, non m se Sandie.

Nou pa t ka kenbe ri.

Chapit VIII

M ta vle, men m dezole

– O ! Sandie, Sandie, Sandie… se mwen sèl ki pou di w jan w fè m kontan. W a di m retounen nan ventènn mwen, si w te ka ouvri kè m pou wè jan m santi m byen avè w. Sa vrèman fè m plezi, m ka di plis m pase tan kote w se plis m dekouvri bèl kalite w e sa fè m renmen w plis toujou.

– M kontan Gary, fason w pale vrèman fè m plezi.

– Bon m ap kite w, m swete w pase bòn joune Sandie

– Ou menm tou Gary, n a wè lendi nan ofis la

– Ok

Flèch palmis pa fizi

Sandra kontan, poutan m te pi kontan toujou. Konsa m kite l, tèt anlè m ap mache nan direksyon machin mwen ak konfyans epi yon souri ki prèt pou dechire machwè m, tout pandan m ap fredone yon chan viktwa nan kè m, puiske fanm lan nan pla men m toutbon. Mwen rive pou m ouvri pòt machin nan, konsa m tande vwa Sandra « Gary, Gary, Gary… ». Kè m fè vap ! M pran kouri nan direksyon l, ou konnen nèg damou m pa ta vle anyen rive fanm nan.

– Sandie ou ok ? S ak genyen ? Mwen tande w rele m.

– Padon Gary, si m fè kè w kase. Mwen jis te bliye mande w si w pa vle yon ti chokola avan w pran wout lan ?

– Sa t ap fè m plezi anpil.

– Ok, antre non.

Anmweyyy ! Mwen pran fanm nan vre. Ayayay ! Sis grenn lèt tou senp ki konpoze mo lanmou sa, ka koze pakèt dega. Depi kè w touche w ale paske l ka fè jèn fanm chante kou wosiyòl epi gwo gason fè jako pye vèt, mete jenou atè mande tankou mandyan, franchman se wololoy zafè lanmou sa. Sandra tèlman pran nan gonm afeksyon m ; li twouve m kite l twò vit. Li chèche yon mwayen pou l pase plis tan avè m. Pouvwa fanm…

Mwen chita nan salon an, zye m ap gade toupatou pandan Sandra ap prepare chokola pou mwen. Yon lòt moman manmzèl sòti ak de tas. Li di :

– Sa se pou ou, men fè atansyon pou w pa boule, li cho anpil.

– Mèsi Sandie. Sandie chita sou yon chèz anfas mwen toutpandan m ap vide chokola nan soukoup pa m, men yon souri sou vizaj li, w a di se moun ki fè yon zak tank li sispèk. Mwen di manmzèl :

– Chokola sa a pwès, li bon, m vrèman renmen l ; se konsa m renmen chokola m, sa w met ladan l ?

– Anyen ki espesyal, sèlman poud chokola, lèt ak sik.

– Ou si sa Sandie, m pa kwè sa non.

– Se verite m pa mete anyen anplis.

– Machè, pou jan l bon sa a, pou jan l dous. M byen kwè w mete yon lòt engredyan ladan l.

– Se ki engredyan sa a Gary ?

– M si w met lanmou ladan l, se pou sa l bon konsa.

Lè sa w pa menm bezwen mikwoskòp pou wè jan ti po Sandie fè chèdepoul. Manmzèl souri, m pa t ka kenbe souri tou.

Manmzèl reponn :

– Ebyen, depi w di m.

Zye m kontinye vwayaje toupatou, m ap admire tou sa k gen nan kay lan, epi rive yon lè mwen di :

– Sandie, m pa moun ki fèzè men fò m di ou vrèman kenbe kay ou pwòp. Konpliman machè, ou vrèman gen bon gou.

– Mèsi Gary, se fason m sa. M renmen kenbe afè m pwòp.

– W abite poukont ou isi a ?

– Non, kouzin mwen la avè m, l al travay kounye a.

– Se byen.

Flèch palmis pa fizi

Mwen kontinye bwè ti chokola m, men chak fwa zye m tonbe nan pa manmzèl, li ban m yon ti souri inosan. Kòmkwa l anvi yon ti diplis. Jwèt sa a dire pou yon ti tan epi manmzèl mande m :

– Sa w gen konsa Gary ?

– Anyen, se jis…

– Jis kisa ? Apa chat pran lang ou. Sandie pran ri…

– Non, lang mwen toujou anplas Sandie, m jis pa ka kwè se mwen k chita avè w nan moman sa. Paske m wè moman sa nan rèv mwen deja se kòm yon moman m viv deja.

– Vrèman ? Waw. Kisa ankò w te wè nan rèv sa a ?

– M te nan kay avè w epi w chita sou yon kanape, mwen lonje kò m, tèt mwen sou ou, nou pa di yon mo, zye n ap kominike toutpandan w ap pase men w nan tèt mwen. Aa ! m pa ka di plis ke sa…

– Rèv sa vrèman womantik Gary, m gen enpresyon w reve m souvan.

– San manti, m fè sa vre wi.

Nou toude rekòmanse ri. Lè n fini mwen mande l :

– Ou Satisfè ?

– Sa w vle di pa sa Gary ?

– Èske w satisfè avè m ?

– Wi, wi e wi monchè, se yon kesyon ki dwòl ou poze m la. M t ap tann ou eksprime santiman w lontan sa. Dayè m ba w plizyè okazyon pou sa. Men sanble w pa t konprann mwen, m renmen fason w konpòte w nan travay la, m renmen entèlijans ou, matirite w, respè w bay tout moun sitou atansyon w bay pasyan yo. Se tout moun ki pale byen de ou Gary, Ou s'on moun ki gen kè nan men e mwen apresye sa anpil. Dayè, se pa di yo di m, mwen wè sa ak de zye m. Sensèman, pou eksperyans ou ak matirite w, mwen pa t panse w t ap wè nan mwen puiske m pa vrèman gen anyen pou m ofri w. Ou mande m si m satisfè, an verite m plis ke satisfè.

– Mèsi Sandie paske w wè nan mwen konsa, men fò m di w sa. Afè w pa gen anyen pou w ofri a retire sa nan panse w ; lè m gade w m pa wè jis yon fanm ke m renmen. M wè yon zanmi k ap la pou mwen nan bon oswa nan move moman tou. Sa w ofri a gen plis valè ke lò, lajan ak dyaman. Pa gen pri pou lanmou w Sandie. Se ak rezon kè m bat fò pou ou ; m renmen w depi jou zye m premye fikse w.

Lè sa atò, Sandie kite chèz li, l vin chita kote m epi li mande m :

– Ou si, sa w gen nan kè w la, se lanmou l ye vrèman ?

– Wi, wi pa gen dout nan sa.

– Gary, m ap klè avè w, mwen pa jwe ak lanmou. Lè m renmen mwen fou, m pa panse, m pa wè, mwen jis damou. M rayi gason k ap bay manti, jwe ak dezi moun epi brize kè pi devan. Si w pa serye di m sa koulye a paske premye menaj mwen te pwomèt mwen lalin epi se tande m tande misye marye ak yon lòt. Donk m poze w menm kesyon an. Lanmou w lan, èske l reyèl toutbon ?

– Pa m nan senk etwal Sandie, li san melanj, li san pou san. Si m pa t serye m pa t ap la avè w. M respekte tèt mwen.

– Oke Gary, mwen kwè w.

Konsa manmzèl vanse pi pre m, epi l pran pase men nan kou m, apre l pase men nan tèt mwen tou, epi manmzèl di m ak yon vwa dous…

– Gary, pale m de ou, m ta renmen konn plis sou ou.

– Pou byen di w Sandie, pa gen anpil bagay m ka di sou mwen, m te toujou yon moun ki poze, toujou senp depi m te jèn gason, anfèt m te trè timid ou pa ta panse sa. Depi gen moun yon kote m pa la, se liv mwen sèlman k te zanmi m, poutan m te renmen pran swen moun. Pou di w byen m pa t janm met nan panse m yon jou m ta vin doktè epoutan se direksyon sa lavi ban m. Paran m te modès anpil, Se mwen sèl yo te genyen kòm pitit, kwak yo pa t konn li, yo pa t pase sou ban lekòl, yo te degaje yo pouse m ak ti sa yo genyen pou m jwenn yon edikasyon avanse. Se konsa plis m grandi, plis m vin devlope lanmou pou chimi ak biyoloji, plis m vin wè meyè fason m ka ede moun se pou m chwazi yon pwofesyon k ap pèmèt mwen pran swen moun. E pa gen lòt ke doktè ki pou fè sa.

– Waw gary ! Paran w dwe te kontan wè pwogrè w ? Mwen sèten yo kontan lè yo wè w kòm gwo doktè.

– Malerezman non, lè m te nan posiblite pou m te remèt yo sakrifis yo fè pou mwen, yo te deja kite sa. S'on bagay k ap toujou fè m mal anpil paske m pa t gen tan ba yo menm yon kola lakay.

– M vrèman dezole Gary.

Manmzèl desann men l sou vizaj mwen, l pran pase ti men l, konsa l konsole m. Li mande m :

– Apa de travay ou, ak sitiyasyon paran w, pale
m de mennaj ou. Kèt ! Pale sou menaj oswa
madanm se pa koze misye apresye twòp, l pa
santi l pare pou rakonte fanm nan tout bagay sou
vi entim li.

Gad on w enpas ! Waw, pou jan manmzèl ensiste sou
kesyon senserite sa a, m resi pa ka kouri. Mwen potko
santi moman an te rive pou sa men m vin santi m oblije
sensè avè l. Vizaj mwen transfòme, m kòmanse transpire,
m pran baye, kò m grate m w a di son pikotman san
fren k antre sou mwen on sèl kou. Mwen deside klè ak
li donk mwen reponn :

– S'on bèl kesyon Sandie, bon janm te di w…

Selilè manmzèl sonnen nan menm moman an, li
meprize sa paske tout atansyon l plake sou mwen. Selilè l
sonnen ankò yon dezyèm fwa. Sandra toujou konsantre
sou repons mwen, men sou twazyèm fwa l sonnen. Mwen
chanje konvèsasyon an, mwen di manmzèl :

– Ou p ap pran l ? Si moun nan pèsistan konsa l ka
byen yon ijans.

– Oke ban m yon minit.

Sandra deplase ak telefòn nan :

– Alo, alo, se kiyès ?

– Sandie choupit, se Antwàn. M pa t tande w, donk
m deside pran nouvèl ou.

– Antwàn ou rele m nan move moman.

– Eskize m, m konprann sa e m p ap kenbe w
lontan. Tande, ou sonje w g'on repons pou
mwen ?

Flèch palmis pa fizi

– Se byen domaj Antwàn, repons lan pa pozitif,
men n a gen tan pale, m prale

– Sandie... Sandie kòkòt tande. Petèt m avanse twò
vit, m konprann sa ka fè w pè. Reflechi sou sa plis,
epi n a pale demen oke. Babay !

– Babay Antwàn.

Sandra retounen kote m, li voye je l sou revèy ki
plake nan mi an epi li di :

– Kouzin mwen pral debake sou nou talè, pito w
vin nan chanm mwen.

Konsa n kite salon nou pran chanm pou nou. Lè
n rive, m sezi pi plis toujou m te vrèman renmen sa m
wè a, Sandie kenbe tout afè l anplas, pwòp. Sa bay anvi
dòmi tank afè fanm nan swa. Pa t gen chèz nan chanm
nan donk mwen te chita sou kabann manmzèl pou n
kontinye konvèsasyon n te kòmanse byen avan. Mwen
mande l :

– Sanble apèl ou resevwa a kontrarye w, paske m
wè vizaj ou yon jan chanje Sandie. Sa k pase ?

– Pa enkyete w, se pa anyen, jis... ann pale bagay
serye Gary sa w wè nan mwen menm ?

Mwen vin santi m on jan libere, paske manmzèl poze
m yon kesyon m renmen fwa sa a. Mwen pa t santi m
anbarase pyès fwa sa a. Mwen kouri reponn :

– M tèlman gen pawòl, m pa konn kote pou m
kòmanse franchman, tèlman w s'on fanm total
nan zye m ; se pa manti. M renmen fason w
mache, fason w pale, fason w konpòte w. Ou
chaje bèl kalite, ou konn sa w vle, anplis ou bèl. M
pa ka eksplike jan w fè m mache. Se pa san rezon,

lè m poukont mwen epi m pran panse avè w, kabann pa ka konsole m ; mwen tounnen, m vire, m leve, m mache, m chita, m kanpe tout pozisyon fè m about. Lè m poko wè vizaj ou oswa souri w, m nan chagren, m malad se lafyèv, de je m fè yon larivyè, m gripe, nen m pran koule, m sonje w, sèvo m eklate, m pran reve, epi m pran desine w nan panse m, Cheve w mwen wè devan m, de zye w wouy sa klere pase la lin, kote w blakawout pa fè m pè. Ti bouch ou menm sanble pi dous ke siwo myèl, lè konsa m santi m ta… m santi m ta… pase tout on jounen ap kolore w.

Zye Sandie pa sispann bat, manmzèl pa t sou latè ankò, sanble menmsi w chache l ou p ap jwenn li ; l leve janm li met sou mwen epi l di :

— Mwen renmen w ak tout kè m Gary, s'on nèg tankou w m te bezwen nan lavi m.

— Se plezi m sa Sandie, pou m la pou ou chouchou.

— Ou te di bouch mwen sanble pi dous pase siwo myèl, e si se pa vre sa w ap fè ?

— Mwen konnen se vre.

Tout pandan m ap di sa, mwen pwoche manmzèl pi pre. Sandra di :

— Se jis m pa ta renmen w twonpe w.

— Pa gen twonpe pou mwen, pase m pral goute koulye a, apre m ap ba w repons.

San pèmisyon, san anons dayè m pa t bezwen sa, mwen plonje sou Sandie, nou chavire sou kabann nan ; je n kale sou lòt san yon mo n ap pale, bouch nou vle kontre. Anfen m depoze, bouch sou bouch ayayay se fèmen je lese lang nou jwe. Nou te swaf moman sa a lontan. Sandie kalalou, manmzèl pare pou plis toujou e m dispoze rive lwen tou men pandan dewoulman womans lan, mwen ouvri je m se kòm vizaj madanm mwen Rachèl, ki parèt devan m. Woy ! Mwen vòltije, m leve kanpe, epi m di :

– Fò m ale.

Mwen pran pòt pou mwen...

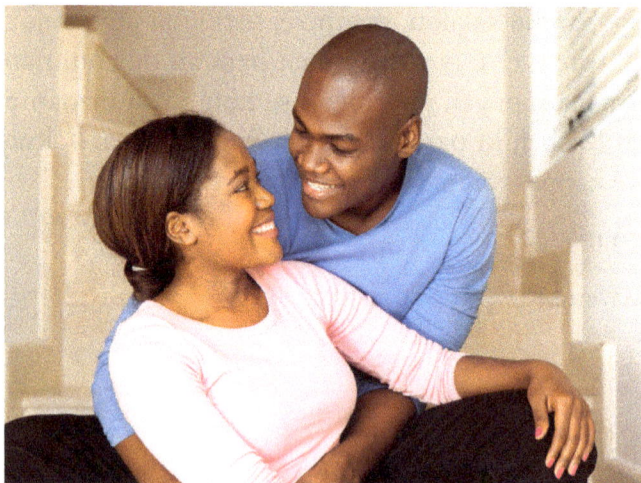

Chapit IX

M p ap janm wè lòt

Yon kokennchenn opòtinite, yon okazyon an lò, m ka menm di yon boul dyaman… Konsa anpil gason t ap dekri moman espesyal sa a m te gen devan m. Paske Sandra te nan de pla men m pou m jwi jan m pito. Petèt gen nèg ki t ap fè je chèch epi kontinye, pwofite, banbile, epi menm manje vant deboutonnen jis yo desounen, si yo ta nan plas mwen. Men mwen te chwazi kouri. Rele m betizè, koyo, kapon, oswa gwayil… ban m tout kalite non pote, men pa bliye sa pran anpil kouray pou yon gason rive lwen konsa pou l leve pati. Se pa t san rezon, mwen gen yon santiman pwofon pou Sandra ; m anvi fanm nan lontan. E Sandra konn sa tou, paske lè yon gason renmen yon fanm ; li pa menm bezwen ouvri

Flèch palmis pa fizi

bouch di sa, fason l aji devan l, deja fè l santi kè l ranpli lanmou pou li. Wi, lè moun damou bouch pa bezwen pale pou verifye ke se lanmou. Donk sa te parèt aklè ke m te fou pou Sandra, epi se ak fanm sa mwen twouve m sou kabann sèl, vrèman se te on kokennchenn okazyon, men nan moman pou m ta pran simen sik sou manmzèl se vizaj Rachèl m wè devan l ; sa te twouble m, britsoukou mwen vin sonje pwomès ke m te fè madanm mwen, se kòm si tout apeti m koupe, sa te kraze m tankou moso boutèy ki plati anba kawotchou machin. Nanpwen fòs pou m kontinye sikre Sandra menm si m ta vle. Kote m monte machin nan, mwen pran blame tèt mwen :

– Kèt ! Ki betiz m fè la ? Apa m manke… komabo ! Sa k rive m konsa ? M pa t gen plas mwen la. M fè Rachèl pwomès ke m p ap janm pran lòt fanm, m p ap janm mennen yon vi ipokrit.

Lè m fin di manmzèl sa, je l te fikse nan pa m ; poutan sa pa t kanpe m, mwen te di l ke lanmou l pou mwen vo plis ke lò, mwen sètifye l ke m ap renmen l jiska lanmò. Poutan gade, koulye a m gen yon lòt fanm nan vi m. Wouy Sandra ! Pouki w fè m sa ? Ou pran tèt mwen, m san kontwòl, souri w mache nan sanm, fè m fou, fè m jemi, se tankou yon dwòg tèlman m atache. Ay ! Konsyans mwen mòde m, li repwoche m, franchman kisa m dwe fè ? Mwen jis pa konnen ankò. Yon pwomès se tankou yon alyans… ke li vèbal oswa ekri s'on kontra sakre, sitou alyans ki fèt ant mari ak madanm. Pou yo s'on pwomès solanèl kote mari a di madanm li : « Lanmou m pou ou p ap janm fini, se ou sèl k ap toujou nan vi m. » An retou, madanm nan pwomèt li konfyans, soumisyon ak respè. Nan kontra sa a, gen kondisyon fikse ki dwe respekte tou, tankou de moun yo dwe demontre yo respekte angajman serye sa a. Lè yo kenbe yon atitid san repwòch, sitou lè yo devan yon lòt moun ki pa konjwen yo.

Konesans sa a pote m nan tèt. Mwen kontinye reflechi sou sa, kote m chita a de ran rivyè ap koule sou figi m, se yon mòn m ap monte ke pèsonn pa fouti konprann. Èske l posib pou renmen de fanm san pataj an menm tan ? Mwen konnen, zòt p ap janm pèdi tan eseye konprann sitiyasyon m, pito se jije y ap kouri jije m, oswa rele m nèg malonèt, vakabon elatriye… Sosyete lakay pa bay chans ; dayè sa fèt souvan, pou pote jijman sou yon moun san fondman. Mwen pèsiste nan refleksyon m :

– Mwen trayi madanm mwen, m pa kenbe pwomès mwen. Se pa fòt mwen si m devlope santiman pou Sandra. Non, m pa di sa byen, petèt m konplis nan sitiyasyon an. M aji twò vit, m pa t dwe kite emosyon pote m konsa. M konnen paran madanm mwen p ap padone m, e sa k pi tris, m pa ka sispann wè Sandra se nan biwo m l ap travay, Ayayay ! Mwen mele, franchman sa pa fasil.

Konsyans mwen ban m bon kout baton, vire tounen mwen lage yon kout « hmm », w a di se yon kout rigwaz mwen te pran nan rèl do chak fwa, mwen te santi l reponn mwen jis nan nanm. Se nan moman sa, m vin sonje yon pawòl papa m te di m apre ke m t apèn fòme… « pitit gason m, pa gen anyen w fè nan vi sa a ou pa peye l, pa janm panse w pi entelijan ke lòt moun. Si w pran plezi brize kè fanm, yon lè nan vi w a gade dèyè epi w a regrèt ; lè sa a w a chèche padon men padon p ap vle w ».

Bon, mwen deside :

– Fò m mete yon fen nan relasyon sa a.

Pandan tan sa a, selilè m sonnen… se Antwàn, mwen reponn…

Flèch palmis pa fizi

– Antwàn !

– Gary nèg pa, sa k regle ?

– Ou konn bagay yo. Sa k pase ?

– Monchè, m gen enpresyon fanm nan jwe m nèg.
Manmzèl demake m serye Gary. Bon se nèg pa m
ou ye m p ap kenbe sekrè pou ou, mwen sot rele
manmzèl. Fanm nan chanje konplètman avè m. Li
frèt tankou dlo nan krich. Fason l pale w a di m se
yon enkoni, poutan n te koze ak anpil chalè nan
restoran an. Se tankou se yon lòt moun ; menm
nan son vwa l ou santi chanjman. Kòm ou konnen
m enterese nan manmzèl, m ap tou di w m pa kwè
m gen yon chans.

Sandra pa t di m kiyès ki te telefone l, men koze
Antwàn nan ede m fè koneksyon an. M vin sonje Sandra
t ap pale ak yon moun vrèman lè m te nan salon l lan.
Aa ! Se te Antwàn sa ? Wouch ! On santiman koupab
anvayi kè m. Kisa m dwe reponn Antwàn… mwen mare
figi m, epi m di misye :

– Pa kouri pran desizyon britsoukou Antwàn.
Menm si fanm nan montre l pa sou bò w, ou menm
rete pozitif, pa bay vag, tikal pasyans ti pap…

– Mwen konprann Gary, se pa kesyon bay vag, m
telefone fanm nan ; li pa menm ka pale avè m, li
plis vle kouri olye pou l ban m senk minit nan
tan l. Dayè se li k te sipoze rele m ; se sa n te dakò
lè l t ap kite restoran an. Men, gade se mwen k
rele l. Poutan fanm ki pa t menm ka mache tèlman
n te dekontwole jou swa sa a ak bèl ti pawòl
mwen yo. Vwala se li k gen tan pa ka pale avè
m… franchamn fanmmmm ! Elas ! Ou konn sa
manmzèl di m ?

– Sa l di w Antwàn ?

– Li pa kwè l ap janm gen repons m ta swete tande a.

– Kèt ! Repons sa a fò anpil Antwàn, m sensèman dezole, se konsa sa pase, paske m santi w renmen manmzèl.

– Si m renmen manmzèl, Aa ! Monchè se bagay ou ka wè Gary. Ou konnen se pa ni de ni twa, se yon lòt nèg manmzèl genyen ; se sèl konsa m ka konprann fason manmzèl trete m nan. Mwen kwè nan sa m di w la Gary.

– Kapab sa Antwàn, kapab tou li gen yon lòt pwoblèm ou pa konnen. Konsèy m ta ba w si m te ou, m t ap kite ti tan pase, paske renmen se pa bagay ou fòse. Dayè lajan pa ka achte sa, anplis Sandra pa sanble jan de fanm k ap kite yon gason achte l. Donk m konseye w pran yon ti pòz bay manmzèl tan pou l wè kalite w, pou l byen konnen w, pou li wè ak je l jan w gen santiman pou li. E si sa pa mache jan w vle a, w a kite sa.

– Non Gary, m pa panse l saj si m kite sa britsoukou konsa, paske manmzèl ka panse m pa pèsistan. Petèt se teste l t ap teste m. Ou pa panse m dwe pèsiste yon tikal plis ?

– an an

– Kouman an an ?

– Bon, m p ap dekouraje w frewo, men si m te ou, apre m fin ba l tan pou l deside, epi l toujou endesi. Monchè m t ap chèche bwè dlo nan yon lòt sous, paske lè w tonbe damou nan yon pwen san retou epi manmzèl toujou pa reponn ou, w ap sibi.

– Nèg, ou fin pale. Mèsi pou tan w Gary, ou se yon bon zanmi. Se tout tan m di, sa m t ap fè san ou ? N a pale plis lendi.

– Oke Antwàn.

Epi mwen rakwoche...
Ou tande yo di dèyè mòn gen mòn, waw ! Mwen te panse m gen pwoblèm se koulye a m gen pwoblèm. Mwen konnen se mwen ki pran kè fanm nan. Pou rezon sa a pandan konvèsasyon an ak Antwàn, kè m pran bat tankou pilon epis. Souf mwen vin kout w a di se yon moun ki fè opresyon. Chalè monte m tankou dife te limen nan fon anndan m, mwen mal alèz paske m konnen jan m koupab. Tout sa k nan vant mwen pran bouyi. Pou m ta byen, se pou m ta pran yon chifon epi efase moman entim ke m te pase ak Sandra pandan jounen an, men sa enposib. Sèl sa k nan pouvwa m se mare fyèl koute Antwàn e menm ranmase kouray konseye misye alòske, m byen konnen se mwen ki okipe teritwa a. Nanpwen mwayen devwale sekrè m bay Antwàn. Kèt ! Se atò pye m makonnen. De men nan tèt, mwen di :

– Komabo ! Sa Antwàn pral panse de mwen lè l aprann se mwen ki te nan chanm Sandra ? Kèt ! M se pi gwo ipokrit sou latè, kèlkeswa sa m fè oswa fason m aji, m ap blese yon moun kanmenm.

Tou dezole, mwen pran wout kay mwen. Malgre kè m pa t kontan mwen pase devan yon machann, epi m achte yon bouke flè kanmenm. Se ak zye m tou wouj m rive lakay, avan m pase kle nan pòt la, m foure bag la nan dwèt mwen, epi m antre.

Depi nan pòt, sa k di m bonjou se foto maryaj mwen ak Rachèl. Se kòm jenou m te fann an de. Podyab mwen, nan sèl grenn jounen sa a se pa de baton m pa pran. Lè

m fin depoze bouke flè a, m lage kò m sou kanape a ;
atansyon m fikse sou foto nan mi an, konsa memwa m
tranpòte m kat ane ann aryè nan jou mwen ak Rachèl
te temwaye lanmou n youn pou lòt. Manno gran frè
Rachèl la te sòti ak manman l. Se menm jou jedi sa a, m
pase kay Manno pou n jwe yon ti bezig, men sikonstans
fè Rachèl te pou kont li. Mwen frape, Rachèl ouvri :

– Bonjou Gary !

– Manno pa la ?

– Li sòti, ou vle chita tann li ?

– Mè wi.

M santi Rachèl te gen ti afeksyon pou mwen, men
sèl konvesasyon n se toujou… bonjou, bonswa, orevwa.
Paske amitye m ak Manno te on jan bloke m. Mwen
mande l :

– Manno ale lwen ?

– Li sòti ak manman m, li posib pou l mize. Si w
  prese m ka di l ou te pase.

– Non, m ap tann li.

– Oke.

– Di mwen Rachèl, ou konn jwe bezig ?

– Non, se sèl kazino m jwe.

– Vrèman ? Ebyen annou jwe.

Rachèl te anfas mwen, nou kòmanse jwe kazino.
Kazino mennen nan ti blag epi blag debouche sou kon-
pliman ; manmzèl souri. Mwen pwofite, di l :

– Ou konnen Rachèl, sa fè lontan m eseye pataje
  afeksyon m pou ou.

–Vrèman ? poutan w pa bay aparans lan non. Ou toujou serye, epi se toujou pou Manno w vin la a.

– M ap chèche moman sa lontan, yon lè nou ka pale. Pou m di w jan m renmen w.

Rachèl pa t kache santiman l. Lapoula, manmzèl dakò. Mwen te panse m ta pral pase anpil mizè pou m rive jwenn kè manmzèl. Poutan Rachèl te siprann mwen, manmzèl te swaf moman sa a tou, se te repons priyè m ke m te jwenn nan moman sa. Jwèt kazino sou kote, mwen poste m sou mach eskalye a, manmzèl kanpe anfas mwen. L ap tann envitasyon m, mwen di :

–Vin chita pou n pale.

Rachèl fin chita, mwen kontinye pale :

– Rachèl, jamè w p ap ka imajine jan m kontan. Mwem pa t panse w t ap reponn mwen vit konsa. Plizyè fwa, m deside pou m devwale santiman m pou ou, men m santi m mare tankou krab, paske m pa t twò konn kijan pou m adrese w.

–Vrèman ? Poutan m pa yon moun ki repousan. Konnen w pa t konnen m. Men tande Gary, pa panse se paske m fasil. Mwen konn sa m vle, e m pa gen tan pou jwèt timoun. Puiske m pataje santiman w, donk mwen pa kache w ke m renmen w tou. Dayè m toujou kontan lè m wè w isi a.

La sou mach la, nou pataje ti koze sikre, koze ki te kache nan fon kè n lontan. Rive yon lè, mwen di l :

– M renmen w yon fason m pa ka eksplike Rachèl. Manmzèl reponn mwen :

– Mwen menm tou Gary, si w fè m yon pwomès jodi a menm, m ap ba w kè m pou lavi.

– Kisa w vle ? Nenpòt sa l ye ou mèt di m.

– Sa m mande a senp, li pa konplike.

– Oke mete w alèz, mande m sa w vle.

– Se jis yon pwomès. Pwomèt mwen ou p ap janm
twonpe m, ni ou pap blese kè m.

– Mwen pwomèt ou sa jodi a menm Rachèl, jamè m
p ap twonpe w.

Rachèl souri, li vire tèt li ban m, de je l fèmen, mwen
konprann langaj la, m depoze yon ti bo sou tèt bouch
manmzèl.

– Senk mwa annapre, nou te marye…

Chapit X

Men nan sak

Nan lendi maten, Sandra antre nan biwo a, dis min nan fon l Manmzèl boude, yon fanm tou pare ki prèt pou eksploze. Se pa t menm moun nan, non se pa t fanm janti ki ranpli cham mwen te konnen an ; souri ki dabitid konn tache sou vizaj manmzèl la te kache jou sa a, epi chalè natirèl manmzèl la te refwadi tankou yon boul glas tank sa frèt, kòmkwa si l pa t nan obligasyon fè sa, li pa t ap mete pye nan biwo a.

– Ou anfòm ? Sa w genyen Sandra ?

Manmzèl meprize m. Kwak sa, mwen ensiste :

– Sandie, èske w oke ? M wè w yon jan diferan.

Pale avè m non. Konsa, manmzèl chita devan biwo l atansyon l fikse sou pil dokiman ki devan l epi l kòmanse travay ; menm yon ti moso « bonjou » anba lang li pa koupe ban m, alòske l vin jwenn mwen nan biwo a. Lè m mande l kòman l ye, Sandra monte volim li disèt wotè epi l di :

– Ou twouve m yon jan diferan w di ? Ou gen kouray poze m kesyon sa a ? Gason vre, nou pa gen parèy. Lese m fè travay mwen, se pou rezon sa m la. M pa sou pale ak pèsonn, m pa bezwen moun plen tèt mwen ak blòf, ni m pa bezwen tande istwa envante.

Franchman m etone, mwen pa t atann manmzèl t ap leve vwal eta sa a :

– Sandie ! Pouki w reponn konsa ? M fè w yon bagay ?

– Si w fè m yon bagay ? Gary, m te panse w te diferan franchman. Fason w, aksyon w, pawòl ou, tou sa te fè m kwè nan ou, kòmkwa pa gen pi bon ke ou, poutan m te twonpe m. Men se pa fòt ou, m pa blame w. Se mwen ki t ap kouri dèyè van, m pa konn kisa k te pase m.

– Sandie, m pa konprann sa w vle di pa pawòl sa a. Ase tounen an won machè, pale avè m tankou granmoun. Kisa m fè w ojis ?

– Ou konnen, yo di « de je kontre, manti kaba » men ou menm ou gen fyèl. Ou gen kouray kanpe devan m, fikse m dwat nan je, epi mande m kisa w fè m. Di mwen, èske se pa odas sa ?

– Rete ! Kòman odas la ?

– Monchè laba, se bliye w gen tan bliye moman womantik nou te pase ansanm vandredi ? Nou pale koze sèl de pijon pataje. M ba w tout kè m, m wè w avè m, m mennen w nan chanm mwen, epi britsoukou w leve w ale ; tout yon wikenn pase menm yon apèl ou pa ban m. Kouman w panse mwen santi m ? Mete w nan plas mwen, m pa konn sa pou m panse franchman.

– Sandie kite m eksplike…

Manmzèl koupe pawòl mwen sèk :

– Non, Gary ou eksplike ase. Pa pran m nan kraponnay ankò ; m gen laj pou m konprann tout bagay, m jis pa bon ase pou ou, se sa ?

– Non Sandie se pa sa. Se lawont ki fè m pa rele w, tout wikenn nan m ap panse kisa m pral di w sou reyaksyon m ; se pa ke m pa vle w, non non. Okontrè, m swaf ou pi mal pase dezè ki swaf dlo. Lejou m kòmanse bwè nan sous ou, m promèt ou m p ap mande rete ; se sik ou k pou fè limonad mwen, anplis m renmen chalè w. Se konnen w pa konnen Sandie, men…

– Men kisa ? Ou wè jan sa dwòl, si se konsa santiman w ye tout bon, fason w aji pa montre sa. Se ipokrizi, kòm mwen di w deja se fòt pa m, mwen pa t dwe aji twò prese. Gary m pa yon fanm sòt ; mwen konn sa m vle, anyen p ap fòse m aji san se pa desizyon m. M fè pati nouvèl jenerasyon. M pa t panse m te dwe kache santiman m pou ou, oswa rete tann se ou ki devwale sa w santi pou mwen. Men tan pou w apresye m, se yon desepsyon m jwenn pito. Se rezon sa a k fè anpil fanm pa vle fè premye pa nan zafè renmen.

Mwen leve kanpe, m mache jwenn manmzèl, m pran men l, epi m di :

– Sandie, lanmou se pi bèl bagay Bondye mete pou lèzòm, an menm tan se yon bagay ki konplike sitou lè kè w bat fò pou yon moun, sensèman. Jwenn yon moun ki fè san w mache, yon moun ki kidnape panse w lajounen kou lannwit, Aa ! pa gen pi bon ke sa. M konnen aksyon m parèt etranj pou ou, men fè yon ti panse… èske se pa lanmou ki fè m pa t ale pi lwen avè w jou swa sa a ? Lanmou m pou ou sensè, ou se yon jenn ti « gengenn » ke m apresye anpil, pou jan m renmen w, m pa gen fòs nan mwen pou m ni abize w, ni fè w soufri. Se kòm yon kado ki gen anpil enpòtans, ou p ap maltrete l ; okontrè w ap prezève l, pwopte l, konsève l yon fason pou l kenbe bote l ak valè l. Pou mwen ou se pi bèl kado m te ka jwenn, m gen anpil plan pou ou Sandra ; m pa prese m jis nan yon sitiyasyon ki yon jan konplike, men m pwomèt ou m ap eksplike w tout bagay.

Mwen rale manmzèl sou mwen, epi m vlope l ak yon akolad. Souri Sandra reblayi sou visaj li. Fanm nan retounen nan nòmal li, men pandan l nan bra m, manmzèl di m :

– Kòm nou poko gen pasyan, nou gen tan devan n donk, eksplike m sa k konplike pou ou konsa.

– Oke, m pa konn jan w ap pran sa, men m ap avèti w, se yon long istwa…

Mwen vini pou m ouvri bouch, pòt la ouvri sou nou, vap !!!

– Gary, nèg pa m, kouman wikenn nan te…

Mwen kouri lache Sandra lamenm, men Antwàn nèg entelijan gen tan wè ankadreman n. Mwen eseye kouvri sitiyasyon anbarasan an ; vwa m vin anwe yon sèl kou, m pran bege woy ! Sa gate bagay la nèt. Lè yo di « dèyè mòn gen mòn », se bon jan verite. Si avan sa, m te konnen Antwàn t a pral debake konsa, mwen t ap rete chita devan biwo m, men koulye a nanpwen kache ; se pa ti etone m etone paske m pa t atann ak kou tiye koukou sa a. Li klè Antwàn pral konsidere m kòm yon papa lach epi yon vakabon fini, yon nonm li te fè konfyans. Kèt ! Mwen santi m mele serye, se tankou yon volè yo kenbe nan aksyon ki pa konn kote pou l mete kò l ; pa t gen mwayen pou m jistifye tèt mwen, yo te kenbe m jan sa di an fransè a « la main dans le sac ». Poutan m ranmase kouray, mwen fè figi m chèch, epi m di :

– O ! Antwàn, kouman w ye la a, zanmi m ? ou debake sou mwen bonè wi maten an.

Se te yon kou sipriz paske se pa t abitid Antwàn pou l antre nan biwo a san frape. Dayè se lwa lopital la pou moun frape avan l antre nan biwo yon doktè, yon fason pou pwoteje pasyan yo. Ou wè sa, lè pou yo kenbe w nan yon move zak… ayayay ! Jou sa a, Antwàn vyole lwa lopital la, li jis ouvri pòt la san avèti, tankou se nan jaden papa l li t ap antre. Sandra pran tranble, manmzèl sispèk, Antwàn pa t ba l chans pou l gen tan ranje kò l. Manmzèl di misye :

– Bonjou Antwàn.

Men Antwàn, se veteran nan kesyon fi ak gason ; l gen tan konprann konbèlann lan, li jis fè sanblan l pa t wè anyen, epi li di :

– Talè konsa Gary, nou pral okipe anpil pou jounen an ; m tande plizyè moun blese nan yon aksidan machin sou gran wout la.

Mwen reponn nan vwa nòmal mwen fwa sa :

– Vrèman ?

– Se bòn sous, sa m di w la.

Nou kontinye pale. Sandra nan mitan, men manmzèl ki te mal alèz di :

– M ap vini, m pral depoze kèk dokiman nan administrasyon an. Manmzèl deplase kite biwo a, men avan l sòti, li di…

– Antwàn, m ap rele w pita.

Manmzèl pati. Konvèsasyon m ak Antwàn chanje lapoula. Antwàn mande m :

– Sa k ap pase la a ? Apa m wè w te kwoke fanm nan. Aa ! Monchè m santi w ap blo m. Gary nou zanmi lontan, se vre m frivòl men ou konnen byen jan m serye pou Sandra. M pa ka kwè se ou ki ta fè m sa. Ou menm ke m konsidere kòm yon gran frè, waw !

Nou te panse Sandra pati vre, poutan manmzèl te poste l dèyè pòt la, l ap koute tou sa n di. Manmzèl santi l koupab donk li bezwen tande sa k tonbe. Li tande m ki di :

– Antwàn, tande zanmi m, ou gen dis mil rezon pou w panse jan w vle panse, oswa menm doute m. Monchè, m p ap eseye jistifye tèt mwen. Men tande, pa gen anyen ki serye jan w panse a. Se jis manmzèl gen admirasyon pou mwen, men m ap fè bak, paske m konnen ou enterese dèyè l tou e nou se bon zanmi.

– W ap fè bak ? Kijan de bak w ap fè la a, Gary ? W ap fè bak epi se bèl akolad womantik, pase men nan ren, w ap pataje ak fanm nan. Men sa m pa konprann, depi kilè admirasyon sa a kòmanse ; ou

Flèch palmis pa fizi

pa fouti di m se maten an sa kòmanse ? Odasye, m byen kenbe w, m pa bezwen wè jan w deja drive manmzèl, epi w pran pòz ou pa nan anyen avè l. Vandredi n fè anpil tan ap pale nan telefòn, ou te ka mete m alèz, m t ap konprann ou. Kèlkeswa... ou mèt jwi fanm ou.

– Antwàn, Antwàn...

– Gary, nou fin pale zanmi. Zanmi ? Non ou san kè ou pa ka yon zanmi. M ta jis swete ou klè ak manmzèl. Epi apati de jodi a, ou fini pou mwen. Fòk ou dakò pote tanbou konsekans aksyon w.

Mezanmi, m mouri... Antwàn deplase, lè l ap sòti l frape pòt la ak yon fòs bourik. Si sa pa t byen enstale franchman, li t ap dekole tonbe.

Vè twazè apremidi, Antwàn te avèk yon pasyan nan biwo l, telefòn misye sonnen... se Sandra :

– Alo !

– Alo Antwàn, m rele w nan bon moman ?

– Nou ka pale, sa k genyen ?

– M te vle eskize m pou jan m te aji vandredi dènye a, ou pa t merite pou m te pale di avè w konsa. M te sou presyon.

– Sandra, pa fatige w, m pa timoun piti, m konprann tout bagay.

– Tande, m vle pale avè w sou kesyon w te poze m nan. Men se fas a fas m vle fè sa.

– Oke, fè m konnen lè w dispoze pou sa.

– Oke Antwàn m ap fè sa.

– Sandra, avan w ale m gen yon kesyon : èske Gary
   devwale w tout bagay sou vi prive l ?

Kesyon sa se tankou yon kout zeklè ki pase nan tèt
Sandra. Yon lide l pa t janm panse, vin plen tèt li. Lide
a fè l yon jan kraponnen, l ap mande « Pouki Antwàn
poze m kesyon sa a ? Misye gen lè konn yon bagay mwen
pa konnen sou Gary ». Manmzèl ap panse.
Antwàn mande l :

– Apa w pa reponn ? De tout fason, pa enkyete w, n
   a gen tan pale.

– Oke Antwàn.

– Babay Sandra.

Antwàn rakwoche… men misye gen yon souri sou
vizaj li, ayayay…

– Ak kiyès ou t ap pale la a ?

Se kesyon sa a yon fanm marye ki te chita anfas
Antwàn e ki t ap suiv konvèsasyon an, poze l. Antwàn
reponn :

– Ti sè m, ki rele Sandra.

– A bon ! Ou gen sè ? Ou pa janm pale m de li tout
   tan sa a ?

– Wi, wi.

Antwàn chanje sijè a, li di Chantal :

– Bon Chantal, sa k fè w bèl fanm konsa ?

– O ! O ! Se Granmèt la pou w poze kesyon saa.

– Antwàn ak Chantal pete yon ekla ri…

– M ap di w sa Chantal, gen de kalite fanm yon nèg
genyen epi l ap mache fè grimas, pa janm gen tan
toujou ap travay… franchman, nèg konsa merite
baton.

– M ta peye w pou w pataje pawòl sa a ak mari m,
misye pa janm gen tan pou mwen.

– Se pou sa m la, ou konnen m toujou la pou ou
Chacha !

Chapit XI

Verite sou tanbou

– Sandie, m ap disponib nan trant minit.

Konsa Antwàn eksprime l nan yon tèks li voye pou
Sandra, ki reponn tousuit, men manmzèl fè sa anba anba,
yon fason pou m pa sispèk puiske n te toujou nan biwo
an. Sandra reponn tèks la :

– Oke Antwàn, rankontre m nan ti restoran anfas
la nan inè d tan.

Pandan tan sa a, m chita, m lwen, kè m ap bat tankou
tanbou nan bann rara, se « dip dip dap ». M ap kalkile
yon pakèt bagay. Ak pawòl Antwàn kite m yo, mwen
pa konn si m anlè si m atè ; w a di se yon bokit dlo jele

Flèch palmis pa fizi

yo vide anwo tèt mwen. Mwen rete bouch ouvè, tank mwen sezi. Ni mwen, ni Sandra youn pa adrese lòt. Pou m di byen, sitiyasyon demoralizan ki rive nan jounen an kraze tout mwèl zo m. Se kòm yo krabinen tout anndan m. Amitye m ak Antwàn tonbe nan dlo, epi lavalas pote sa ale. Kèt ! Antwàn se yon eleman ke m konsidere tankou ti frè m. Dayè se sèlman menm paran nou pa t genyen, nou te grandi ansanm, pase sou menm ban lekòl anplis n ap travay ansanm depi plizyè ane. Sa pouse m reflechi konsa :

– Antwàn, gen rezon fache. Kèlkeswa santiman m te gen pou Sandra, m te dwe kontwole m, epi respekte amitye n. Se vre m prèt pou fou pou Sandra men m pa t dwe kite manmzèl antre nan mitan n konsa. Nan san kontwòl m pousuiv santiman m jis m ateri nan chanm fanm nan, epi m bliye bon zanmi m kòmkwa l pa t menm egziste. Mwen nan travay isi a lontan, tout moun respekte m kòm moun debyen. Kisa yo pral panse lè yo aprann mwen ak Antwàn nou dozado pou yon jèn fanm ki pa menm gen lontan nan lopital la ? Waw ! Si yon eskandal konsa pete, kijan m ap santi m ? Se pa ti raz m santi m raz. M vrèman choute deyò fò fwa sa. Komabo ! Sa k rive m konsa ? Fòk mwen jwenn yon fason pou m ranje sitiyasyon sa a. Men kòman ? Antwàn deja doute m.

Mwen potko fin konprann sa ki rive a, mwen pa konn si m anlè, si m atè. Se pa konsa m te planifye jou lendi sa a, se fyèl mwen mare pou m rete nan biwo a toujou. Men kisa m ka fè, « malè pa janm avèti », sa deja pase, nanpwen efase tchouboum nan. Mwen leve epi m ranmase zafè m pou m met deyò. Avan m deplase mwen di :

– Sandra, m pa santi m byen, m ap kite pou jounen an. Tanpri jere biwo a.

Konsa m leve pati ak tout lawonte m ap trennen dèyè m. Sandra te anbarase tou. Li anvi poze m kèk kesyon, men l pa vle anbarase m plis. Men yon bagay monte l, ak kouray li mande m :

– Gary, pouki Antwàn mande w si w revele m tout bagay ?

Wouy ! M sezi, mwen pa t panse Sandra te tande konvèsasyon m ak Antwàn. Kè m bat tankou pilon epis k ap pilonnen yon tèt magi ; souf mwen vin kout w a di se moun ki fè opresyon, epi se kòm dife limen anndan m, tank nèg pran swe. Tout sa k nan vant mwen pran bouyi. Mwen jis reponn :

– Sandra, m pwomèt ou m ap reponn ak tout kesyon w yon lòt fwa. M pa santi m byen, fòk mwen ale.

– Ok Gary, al repoze w.

Manmzèl kontinye fè lè, sispens ap tiye l, li bezwen konnen pouki Antwàn mande m « si l te revele l tout bagay », yon pawòl konsa demontre aklè gen yon bagay ke m kache l, sa rann manmzèl malad, se fanm kè cho.

Randevou sou pye, de moun yo kontre nan ti restoran an. Antwàn fè sa l wè manmzèl, yon souri san katreven degre blayi sou vizaj li, misye pwoche, l anbrase manmzèl, rale chèz pou manmzèl chita ; misye se nonm womantik ki chaje cham, li di manmzèl :

– Chita Sandie… Ou p ap janm ka imajine jan m te kontan lè m resevwa tèks ou.

– Mèsi, kòman w ye Antwàn ?

– Nou la, ou konnen, n ap debat, e ou menm sa k regle ?

– Anyen menm.

– A machè pa di m sa, pou jan w bèl fanm sa a. Ou konnen si yo bezwen yon bèl fanm katalòg yo pa pran w an premye, franchman yo avèg. Anplis ou san defo, tout ti afè w byen nòmal.

– Tande Antwàn, rezon k fè m mande w rankont sa a, se pou m ka klè avè w. M konnen ensidan k pase maten an plake dis mil lide nan tèt ou, men franchman ou mèt kwè m pa t gen anyen entim ki tonbe. Se konpasyon Gary t ap temwaye pou mwen paske m pa t gen bon jan.

– Pa fatige w Sandie, m pa t panse ak anyen non plis, men pwoblèm mwen genyen, se fason nou vin sispèk toudenkou. M pa t atann mwen ak reyaksyon sa a, kèlkeswa sa pa enpòtan pou mwen, sa k gen valè pou mwen se repons kesyon m nan.

Sandra souri, Antwàn souri tou. Je de moun yo rete konekte pandan yon bon ti tan kòmkwa te gen yon leman ki kenbe yo youn nan lòt. Avan misye ouvri bouch li, Sandra devanse l, lè l di :

– Waw ! Antwàn, m vrèman apresye pèsistans ou. Sanble repons sa a vrèman enpòtan pou ou.

– Ak rezon machè, ou fè tout san nan venn mwen bouyi pi mal pase chodyè pwa kongo sou dife. Lè m pre w, m prèt pou m tounen ti pòlka tank mwen tranble, m pa ka tann yon repons pozitif paske kè m san lè rete. Yon kote m san souf pou repons ou, yon lòt mwen boulvèse, m pa konnen si m ap janm gen kè w a san pou san.

– O ! pouki w di sa Antwàn. Sa k rann ou boulvèse konsa ?

– Mete w nan plas mwen Sandra. Sensèman di mwen, sa w wè nan Gary ?

– Kòman sa ?

– Sensè avè m machè, Gary di m tout bagay. M jis pa konprann pouki se Gary w wè.

– Sa Gary genyen ? Kapab se chwa sa kè m deside fè. Epi se vre misye pi aje pase m. Sa pa ban m pwoblèm paske laj pou mwen se jis yon nimewo pa plis. Petèt ou ka di l pa bo gason ase pou mwen ; ankò se pa pwoblèm pa m sa paske vrè bote a pou mwen se pa aparans ki devan je m nan men se sa k anndan an. Epitou, m twouve w deplase anpil Antwàn.

– Kalme w Sandra, se pa de aparans oswa kalite Gary m t ap pale. Kisa w remake nan dwèt misye ? Tout foto k sou biwo l yo, pa di w anyen ? Pou ou menm èske w panse misye gen yon lanmou sensè pou ou ?

Yon sèl sezisman pran Sandra, l anfouraye nan bwa nèt ; tèt li vin men gwosè ak kesyon sa yo. Manmzèl ap panse… « Sa k nan dwèt ? foto ? Men mwen pa janm wè anyen nan dwèt Gary, menm lè m nan biwo li m pa remake okenn foto, ki pawòl dwategòch Antwàn ap bay la a ? » Manmzèl vrèman toumante. Sitiyasyon nòmal, lè w bezwen yon repons tousuit epi w pa konn si pou w monte oswa si pou w desann sa ka rann ou fou. Sandra mande Antwàn :

– Tande Antwàn, m konnen w ap tann yon repons nan men m, mwen bezwen yon repons nan men w tou. Ou mèt pale, kisa Gary ap kache m konsa ?

– Sandie, m pap di w sa paske Gary se nèg pa m.
Mwen k devan w la, m chaje defo men fè tripotay
pa youn nan yo. Prefere se Gary ki devwale w
sitiyasyon l. Sa mwen ka di w sensèman, misye pa
renmen w, e l p ap janm renmen w jan m renmen
w lan.

– Ki diferans ki genyen ?

– Senp chouchou, kè misye pataje, poutan mwen
disponib pou ou, m gen tan pou m pran swen w,
epi ba w tout atansyon ou merite. Anplis, sa m pra
l di w la, se yon bagay m genyen kouvri anba wòch
kèk jou. Jis jounen jodi, m fè tout sa m kapab pou
m kenbe l kache. Men, depi kèk tan, se tankou gen
yon men k ap pouse kè m pou m revele w tou sa k
ladan. M pa ka kenbe l pou mwen ankò ; fòk mwen
pataje l avè w. Yon swa ou te okipe panse m, epi
nan dòmi m rève w tou pre m. Ou ka imajine jan
m te kontan. Mwen avè w poukò n sou yon ti plaj.
Rèv la tèlman te pasyonan, lè m pantan m oblije
pran plim ak papye kwake m pa powèt, pou m
konpoze yon ti bagay espesyal pou ou. Mwen te di
se nan yon moman espesyal ke m ap pataje l avèk
ou. Jodi a se moman sa a. Antwàn rale yon moso
papye nan pòch li epi l di manmzèl tande sa cheri :

touche m cheri amou tonnè boule
m, m damou

m pa pwomèt woz chak jou ni chèche,
jis yon kou nan pye w, m met ajenou

ou fikse m, m prèt pou fou ti je dou w,
fè mwen sou je fèmen, m vanse sou ou
proche m, tikal plis tou

m vle miyonnen ou toupatou lontan
pou ou, m grangou li tan, pou m pran ti

gou dousman, ban m ti bouch ou pou
m depoze ti bo dou se anvi m, toutan
ti chou Sandie, an nou fè lanmou.

Manmzèl tande tout bèl pawòl pwezi Antwàn lan,
ki eksprime dezi l genyen pou li. Men, se revelasyon
Antwàn lan ki okipe lespri l. Nanpwen rete chita ankò.
Manmzèl pa ka kwè se mwen ki jwe l konsa, pandan tout
tan li pase kote m epi mwen te marye, kèt ! Manmzèl
tèlman boulvèse, li kanpe epi l di :

– Antwàn, m apresye jan w panse avè m epi pwezi
w la enteresan anpil. Mèsi, men m vrèman regrèt
sa fòk mwen ale. M apresye konvèsasyon nou
genyen an tou, m ba w mo m. Mwen p ap mize ak
repons ou an. Se pwomès mwen sa.

Sandra pa menm tann repons Antwàn, li deplase.
Rive deyò a, l kanpe pou l pran taksi men yon lide
di l « retounen nan biwo Gary epi verifye si gen foto
vrèman ». Li pa fè tèt di, li mache monte nan biwo a ; li
ouvri yon premye tiwa… O ! Sezisman pi rèd, sa l wè
nanpwen bouch pale… se bag maryaj mwen ki devan l.
Nan prese kouri kite biwo a vit vit jou sa a, mwen
bliye bag mwen dèyè. Yon lavalas dlo pran koule sou
figi Sandra, kantite dlo pou plen yon kivèt, kanmenm
li siye figi l, mare senti l, epi l ranmase bag la, li pran
sa met nan pòch valiz li. Manmzèl pa kanpe la, l ouvri
yon dezyèm tiwa, li tonbe sou plizyè foto m te pran ak
madanm mwen. Li pran yon premye, se foto maryaj
mwen. Yon dezyèm, wouy ! Fwa sa a manmzèl met
men nan tèt… li wè madanm mwen ansent, nan yon
foto. Sandra leve zye l anlè, epi l di :

– O ! Seyè, ala yon penitans pou fanm… !

Chapit XII

Pouki se mwen

« Bon chen pa janm jwenn bon zo », se pwovèb sa a ki pase nan tèt Sandra pandan l nan biwo a. Lè w renmen yon moun jis ou fou, ou panse w pi kontan ke moun ki genyen nan lotri paske w jwenn yon moun ou t ap tann lontan, yon moun ki va tounen mwatye w, epi konsa w vin jwenn yon revelasyon fann fwa konsa. Franchman se pa jwèt. Sezisman kont pou tiye w sitou lè w sonje se moun sa ou te konsidere kòm ewo w, yon moun ki t ap toujou la pou ou, poutan moun sa a se te yon zewo.

   Ti dam nan kanpe devan biwo a, chagren prèt pou pete fyèl li, w a di se yon bout bwa banbou, zye l plake sou foto yo, l ap kalkile podyab… yon bò bag mwen an pran l pa sipriz, yon lòt kote, foto yo fè l pèdi tout kontwòl. Se yon kout zèklè k pase devan je l, bagay konsa pa t janm nan panse l. Paske si l te konnen m te marye li t ap kanpe lwen m : « pwoblèm yon fanm se pou tout fanm. » Toudenkou vant li pran bouyi, bouch li pran tranble. L ap panse « Pou jan Gary se yon nonm debyen, yon nonm tout moun respekte, tout moun admire, pouki l fè m kou sa ? » Sandra sezi pou l mouri, tout kò l pran tranble, w a di se maladi latranblad ki antre sou li ; tout zo nan kò l fè l mal. Nanpwen kanpe sou janm li ankò, tout fòs li pati kite l.

Sandra pa moun ki met dlo deyò fasil, men sitiyasyon sa a te fè manmzèl tris anpil anpil, kote anyen pa gen sans pou li ankò. Sèl konsolasyon l se kriye, pouse dlo, jete dlo pasipala. Toutpandan l ap di :

– M pa konprann, m poko janm ka eksplike sa ki lakòz sa. Mwen pa yon move moun, e se pa lontan sa m pase jounen womans ak Gary, m deja anbale kè m nan papye kado lonje bay misye. Nou jwe, nou pale, nou menm pataje ti beze.

Souvni sa a mete Sandra nan yon sitiyasyon kote l ap jije tèt li ; erè l fè yo kòmanse monte nan lespri l, e sa fè l santi l tèlman pa byen ; se tankou yon moun ki fè yon maladi san tretman. L ap di nan kè l :

– Wouy Seyè ! Mwen santi m vilnerab, m santi m pèdi, m santi m estrese, m san fòs.

Sandra kriye kont li, epi l ranmase tikras kouray ki rete nan nannan nanm li ; manmzèl derape l pran wout lakay pou li, men yon moun dezole ki san espwa, san vi. Tèt la chaje, sou tout wout l ap kriye pandan l ap di : « Figi Gary, son vwa misye, souri l… tout sa pa fouti sòti nan lespri m. » Rive lakay, li pran bag la, li monte dwat nan chanm lan, blayi kò l sou kaban lan, epi li pran fè vizyon moman womans li te pase bò kote m, bèl ti pawòl dous, ti bobo ak moman karès womantik mwen te fè l goute. L ap gade bag la, l ap imajine pil foto m ak madanm mwen yo, l sekwe tèt li, epi l kriye pi plis toujou kòmsi p ap gen demen. Ayayay ! Soufrans sa a te pi di ke yon fanm ki nan akouchman ; zye Sandra tou wouj, li toumante, nanpwen sipòte, li santi l ap fou, si l pa pale l ap endispoze, men ak kiyès pou l pale ? Kouzin li pa janm gen tan anplis se yon manfouben. Epi yo pa konn gen tip konvèsasyon sa yo. Li vin sonje Anita dwe lakay li lè sa a, li bay manmzèl yon kout fil.

– Alo Anita.

– Sandra, kòmsi w te konnen pitit se non w ki sou tèt lang mwen la. Rele m te pral rele w, kouman w ye ?

– Aa ! Bagay yo pa yès menm Anita.

– O ! Sa k genyen ? ou malad ?

– Non, m pa malad men mwen pran nan cho.

– Sa k pase w menm ?

– Anita, m bezwen w pou n fè ti pale fasafas, ou lakay ou ?

– M deyò toujou makòmè, men si w vle nou ka rankontre nan ti restoran dominiken an.

– Oke, ban m trant minit epi m ap sou ou.

– Oke, n a wè talè.

Sandra fèmen aparèy telefòn nan ; pa gen tan pou makiyay ni pou chèlbè, se jis foure yon pè soulye nan pye l, epi pati. Antretan, mwen telefone Antwàn, mwen te tèlman boulvèse se sèl mwayen pou m te repare tò m.

Antwàn reponn :

– Alo, se kiyès ?

Li gen nimewo m, li konnen byen se mwen. Dayè
se yon nimewo l konnen pa tèt, men l deside pran pòz
enpòtan l.

– Se Gary, m pa deranje w ?

– M pral sòti la, m pa gen anpil tan.

– Mwen konprann sa. Tande Antwàn, m te vle
eskize m devan w, paske m antò. M rekonèt sa,
m te dwe sonje w enterese ak fanm nan e m te
dwe rete lwen l. M p ap chèche eskiz Antwàn,
nou zanmi lontan, m pa vle ti ensidan sa kraze
amitye n. Donk m vle rasire w, teren an se pou
ou, poukont ou. Si w ta jwenn konpetisyon se
pa mwen, paske m deside voye dlo sou boukan
dife santiman m ; tout sansasyon m te gen pou
li mouri. Se sakrifis sa a ki nòmal pou mwen, m
espere w konprann mwen.

– Se sa m apresye avè w Gary, ou sensè. Nèg pa m,
mwen kite sa dèyè, mwen pa fache avè w, men m
p ap ka ret pale avè w, nèg gen yon randevou cho
la, oke ?

– Oke Antwàn, n a pale. Babay…

Restoran an te deja ranpli ak moun ; Anita, byen
kòkèt, chita ap tann zanmi l. Poutan, Sandra debake
sou li, manmzèl manke pa rekonèt li tank ti dam nan
kraze, figi l blaze, zye l tou wouj w a di se yon moun ki
te nan antèman, epi cheve l menm… ayayay nanpwen
mo, Anita di :

– Sandra, ou di m ou pa bon men m pa t panse w te
nan eta sa a machè, sa k rive w konsa ?

Flèch palmis pa fizi

–Anita, lè yo di eksperyans pa toujou pi bon pwofesè a se pa manti. Ou toujou la pou mwen, franchman ou se yon gran sè pou mwen, ou te pale m, poutan m pa t koute w. Kèlkeswa sa w di oswa konklizyon gen de mwen, ou gen rezon. Ou te di m poze pakèt kesyon avan m livre kè m bay yon gason.

–Eskize m wi Sandra, men si m di w m konprann yon mo nan sa w di la a se manti m fè. Pale dirèk avè m, sa w genyen ?

–M mande w rankont sa a pou m rakonte w sa k rive m. Ou sonje doktè m t ap pale w la ?

–O ! Ti doktè k pran tèt ou a ? Kòman l rele ankò, se pa Gary w te di m ?

–Wi, li menm. Ou te di m pou m enfòme sou li avan m angaje m, men m te tèlman gen yon dife k ap boule nan fon anndan m pou misye, a chak fwa pou m ta mande l yon seri detay enpòtan, se kòm yon evenman prezante jis mwen bliye. Konsa m pa janm gen chans poze l okenn kesyon sou vi l ap mennen, epitou m tèlman pèdi nan prestans li, m pa janm ensiste sou bagay konsa, m jis konnen m renmen misye anpil anpil, se mwen k pou di w Anita, m fè l konfyans yon fason m pa menm ka dekri franchman.

Pandan medam yo ap pale konsa, gen yon koup ki chita dèyè yo k ap manje, yo lage gwo kout ekla ri, eleman an ap voye koze sikre monte, fanm nan menm ozanj, zòrèy li dous. Anita mande Sandra :

–Di mwen, sa misye fè w ojis, èske l benyen nan rivyè w, epi l fè kòmsi l pa konnen w annapre ?

– Pito se te sa, m pa ta santi m mal konsa. Misye fè m deklarasyon lanmou ; nou pase bon ti moman womantik ansanm, nou menm monte kabann ansanm. Mwen ba l tout kè m san rezèv paske m kwè nan li san pou san. An retou se yon kout ponya li ban m nan fon kè m. Wi li fann sa an de, sitou lè m vin aprann pandan tan sa n pase nan koze a, misye te marye. M pa janm wè bag nan dwèt li, epi sa k touye koukou a nèt, misye gen yon madanm gwo vant.

– Wouch, manman ! Pa ban mwen ! Se tout bon sa w di m la a ? Se sa m rayi ak vakabon byen abiye sa yo. Pou jan w te eksplike m misye se yon nonm debyen, yon ti zanj nan travay la. Epi se li k gen kouray fè w travay sa a ? Gason vreeeeeeee... ala bèt mechan ! M ta rayi misye pou tout vi m !

– Jan w tande a Anita, misye jwe m serye.

– Bon pa kale tèt ou twòp, jis sonje pa gen sekrè ki kache ki pa dewale. Pito sa pase sa, paske sa te ka pi grav si misye te ba w yon pitit epi l vire do l. Chans pou ou, vakabon an pa t rive pi lwen lè l te nan chanm avè w la. M kontan se konsa sa pase paske w t ap regrèt plis koulye a.

Pandan y ap pale, medam yo tande eleman an di fanm ki avè l la :

– Cheri depi m pa wè w, kè m ralanti nan vitès li. M pa ka fonksyone san ou, amou. Se ou ki lwil motè kè m...

Lè sa a, po zye fanm nan tounen yon iwondèl, tank sa bat vit. Misye ap voye bèl womans monte. Anita ki deja renmen zen, lè l tande jan misye ap koze ak fanm lan, li di Sandra :

– Se yo sa wi, Sandra, blofè pase kisa. Sonje m te
di w sa, gason se aganman yo chaje may. Y ap
bay tout kalite pawòl dous ki egziste jis pou antre
kote w konnen an epi kon yo fin banbile kont
yo, ou pap jwenn yo. Machè, ranje kò w, annou
monte kay Gary aswè a menm, nou pra l fè l konn
dekiprevyen. Ou gen adrès misye pa vre ?

– Wi m gen adrès li, men m pa dakò pou n al lakay
li. Dayè m pa penbèch, m pa pral kreye pwoblèm
nan fwaye l. Demen maten m ap regle avè l, se
konsa m ap fè l konnen sa m po t pou vann. Epi
se pa lafen dimonn. Se pa Gary sèlman ki genyen
kòm gason. Antwàn se yon bo gason, ki renmen
m, mwen ka toujou fè vi m avè l.

– Ou se moun poze Sandra, si m te nan plas ou,
pou jan m vekse la a, Gary sa a t ap jwenn ak pa
l aswè a. M t a pral mete pou li devan madanm li.
Men m dakò avè w, Antwàn nan pa fin twò mal,
m panse misye ka kole kè w ki fè mil moso. Ba l
yon chans, petèt se li Bondye te sere pou ou.

Medam yo kontinye pale, fè kòmann ; yo manje epi
lè lè rive pou yo deplase, yo kanpe pou yo separe. O o !
Sezisman pi rèd, nonm ki t ap bay fanm nan pawòl dèyè do
yo a se Antwàn. Sezisman pi rèd pou Sandra, manmzèl di :

– Antwàn ! Sa w ap fè la ?

– O ! Sandie, se jis m t ap, m t ap…

Sandra wete pawòl nan bouch misye konsa :

– Oke, sere repons lan pou ou, papa blofè.
Demwazèl la mande Antwàn :

– Nan kisa w ye ak fanm sa a pou l rele w blofè
la a ? Misye gen odas ouvri bouch di :

– M pa konn fanm nan non, m jis wè l nan lopital lan. Anita vekse, l pase Sandra dèyè l, epi l pete yon rèl :

– Anmwey chalmas ! Ala de koze papa ! Twou manti pa fon vre Jezi. Se konsa gason trèt ? Gason se pwazon. Sandra, pa okipe mouche a, An n ale. Se pa tout chen k jape pou w dwe vire gade.

Medam yo deplase. Wouy ! Si Sandra te tris avan, koulye a manmzèl vin deprime pi rèd. Men malgre sa, l deside pou l pa kite koze Antwàn sa a travèse lespri l. Entansyon l se pou l regle ak avè m. Paske se mwen ki vòlè kè l.

Nan maten, Sandra, ki pa t fèmen je l pandan nwit lan, monte nan biwo a, epi l poste l anfas pòt la, l ap tann mwen. Mwen parèt vè uitè. Depi m wè Sandra a, yon souri monte sou vizaj mwen :

– Bonjou Sandie, ki mirak ou la avan m, ou byen dòmi ? Manmzèl reponn mwen ak yon vwa fèm :

– Tande Gary, ou ka ban m yon ti eksplikasyon sou sa yo

Zye Gary vin men gwosè, sa sòti prèt pou tonbe lè l remake bag maryaj li nan men dwat Sandra, epi foto madanm li nan men goch manmzèl…

Mwen chèche yon mi, m met men nan tèt…

– Se pa konsa m te vle l aprann sa, kèt… !

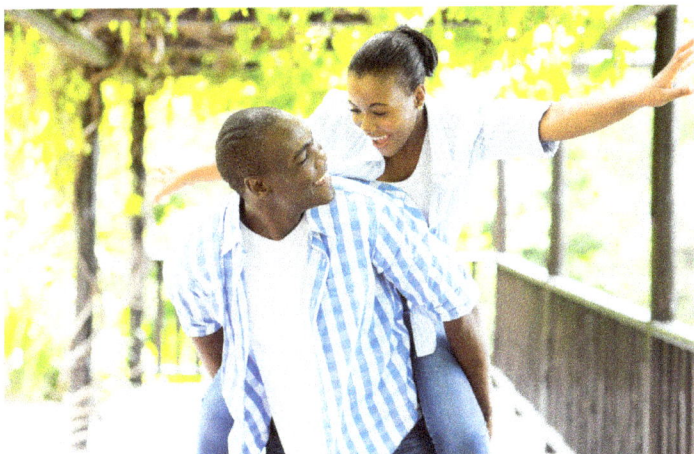

Chapit XIII

Ou kwè m te fizi

Tout pwa kò m plake nan panno a ; mwen santi m san vi, kè m prèt pou rete. Fanm mwen renmen an san lè soti nan vi m. Manmzèl pran m pa sipriz, bouch mwen lou pase pwa senkant, pa gen mwayen ouvri sa pou yon mo chape, nèg bèbè yon sèl kou. Dis mil panse travèse lide m nan moman sa a. Ki repons m dwe bay manmzèl ? Ak sa k deja nan panse l, èske l ap kwè m ?

Mwen te lwen nan refleksyon m, lè Sandra entèwonp mwen :

– Sa w genyen ? Chat pran lang ou ? M ap tann repons ou Gary…

« De je kontre, manti kaba », mwen konn ekspresyon sa a byen ; pou rezon sa a, m oblije dekrase ti kras fòs nan fon anndan m. Se jis soulve tèt mwen epi gade manmzèl nan zye. Mwen di :

– Si w deja panse m se mantè oswa blofè mwen pa fache pou sa. M konprann pozisyon w e mwen p ap kouri eskize tèt mwen. Men m ap di w se pa konsa m te planifye pou w te aprann enfòmasyon sou mwen. Non, se pa fason sa a. Plan mwen se te pou mwen avè w chita, epi pale konsènan sitiyasyon m. Fò m di w, a plizyè repriz m eseye, men pafwa m manke kouray ; lòt fwa se sikonstans ki prezante. Donk menm lè w poze m kesyon pèsonèl, m pa janm gen opòtinite revele w tout bagay. M konnen w gen anpil afeksyon pou mwen, m wè jan w renmen m. L ap difisil pou w konprann mwen nan moman sa a, m konn sa Sandra men ou dwe toujou sonje ke twonpe w, abize w ouswa maltrete w pa t janm nan panse m. Poutan Sandie…

Manmzèl koupe m sèk…

– Pa fè m sa Gary, kwake m devan w lan n ap pale, m pa konsidere w pou zanmi. Donk fè m favè, sispann rele m Sandie. Bliye non sa a oke ?

– Oke, mwen konprann, se fòt pa m sa.

– Mèsi, m apresye sa anpil. Epitou, m ap tou di w mwen p ap ret travay maten an, sèl sa k enterese m se eksplikasyon w. Donk m ap tann ou.

Mwen repedale…

– Bag nan men w lan, se pou mwen ? Janvye k ap vini an t ap fè m sizan maryaj. Dam nan foto a se madanm mwen Rachèl.

Manmzèl pran san l pou l koute m, epi l di :

Flèch palmis pa fizi

– Pouki w gen fyèl konsa Gary ? Tout tan sa a, menm yon fwa m pa wè w ak bag nan dwèt ou. Pouki w sere foto madanm ou ? Sa l genyen ? Li pa bèl nan zye w ase ? Sa w te panse ? Yo pa janm aprann ou « twou manti pa fon ». Fò w te met nan lide w, ke m t ap jwenn bout ou monchè. M konprann jwèt la, ou menm ak zanmi w lan, nou wè yon jèn fanm vilnerab devan n, donk nou nan konpetisyon pou n pati ak kè l, jwe avè l fason n pito, Se sa pa vre ?

– Konpetisyon ? Ak kiyès… Antwàn ? Non, non pa gen sa pyès machè. Dayè m rele Antwàn yè swa, mwen di l, puiske l gen santiman pou ou mwen kanpe lwen, yon fason pou prezève amitye n.

– Ala konsiderab. Tanpri pa pran m pou enbesil Gary. Ou menm ak zanmi w lan se de magouyè.

Lè m tande sa, m avanse sou manmzèl epi m eseye pran men l. Men fanm nan deja pa t sou san l, li rele byen fò sou mwen :

– Lache men m Gary !

Epi l, flanke m yon souflèt… PLAWWWWWW ! Mwen kilbite, yon men nan machwè ; nèg sezi, m pa t atann ak reyaksyon sa kay Sandra…
    sèl sa m ka di se :

– O Sandra ! Konsa menm ?

– M avèti w deja pou w pa fè m sa m p ap fè w. M pa nan touche avè w. Sa m ta renmen konnen se pouki w kite yon fanm gwòs nan kay, epi w ap kraze kè yon lòt, bay pakèt espwa w p ap kenbe. Ou pa panse se yon krim sa w fè a ? Pouki w malonèt konsa ? Pou jan w parèt debyen, franchman m desi Gary. Se nèg tankou w yo ki fè tout gason ap pote po kase, ak ki kè w gade madanm ou nan zye lèswa pou w di l ou renmen l ? Di mwen.

Sandra fin anraje, li monte vwa l tèlman fò, lòt anplawye vin poste yo dèyè pòt la pou tande zen.

– Sandra kalme w, bese vwa w tanpri. Jouk jodi a m pa janm fè w okenn mal ; m pa rabese w okenn fason. Okontrè, m renmen w ak tout kè m. M pa ba w okenn manti. Tout erè m, mwen te dwe avwe w sitiyasyon m depi okòmansman ; m jis pa t vle fè sa twò vit, pou m pa pèdi w, ou tèlman enpòtan pou mwen.

– Tande koze, ou pa janm ban m manti ? Konbyen manti pou w ban m ankò Gary ? Gade sa k nan men m, ou pa panse w fè ase ?

– Se verite, m pa janm ba w manti. M renmen w twòp pou sa franchman. Konnen w pa konnen jan m apresye w Sandra. Nan tout sans, fason w raple m madanm mwen, e sa fè m renmen w pi plis toujou. An verite Sandra, m pa twonpe madanm mwen jan w panse a. Madanm mwen mouri kat mwa avan w kòmanse travay isi a, kounye a sa fè uit mwa. Kwake m pa montre sa, poutan m nan anpil soufrans, tout nanm mwen malad Sandra, yon sèl jou m pèdi madanm mwen ansanm ak yon timoun nan vant li ki t ap premye pitit mwen. Imajine w sa, aksidan machin wete lavi tou lè de, depi lè sa a lavi m chanje, m tris e m menm mande mouri pafwa. Imajine w sa Sandra, m nan soufrans lontan. Si w te ka ouvri kè m pou w wè jan w remete lajwa nan mwen. Ou fè m bliye pakèt pwoblèm. Lè n te ansanm nan chanm ou an, madanm mwen sanse parèt sou mwen, m deplase

Flèch palmis pa fizi

san avètisamn, m kite w san eksplikasyon epi m met deyò.

Nouvèl sa a choke Sandra, manmzèl bese vwa l atò, sa l tande a domine l. L ap panse : « Waw ! pawòl yo anpil, èske m dwe kwè Gary ? » Li kontinye reflechi : « Swadizan, se t a verite, pouki l pa t di m sa depi okomansman, epitou kache foto madanm li, retire bag, pouki tout konbèlann sa a si w vrèman sensè ? M pran kou yon fwa deja, m p ap pran ankò. » Sandra di m :

– Gary, m tande sa w di a. Men sensèman, m panse w jis ban m koze kenbe pou m senpatize avè w. Ou pran m nan kou deja ; ou kache m verite sou ou. Antwàn manke twonpe m, erezman m kontre l nan yon restoran ak yon lòt fanm. M pa vilnerab vre jan n panse a. Byen domaj Gary, jodi a se dènye jou m, m p ap tounen travay ankò, chèche yon lòt moun.

Wouy Sandra tiye m frèt ! Pou jan m pran plezi admire manmzèl. Si l pati m ap tou fou. Mwen mete m ajenou nan pye l :

– Padon dis fwa, padon san fwa, padon dis mil fwa Sandra. Tanpri pa ale konsa, si w fè sa solèy mwen p ap leve ankò, se blakawout w ap kite pou mwen. Vi m ap san sans, w ap tou tiye m Sandra. Mwen pa Antwàn, m pat janm Antwàn e jis mwen mouri m p ap yon Antwàn. Ban m yon chans Sandra, padone m, mwen vle repare tò m. Sa w di ? Di w ap rete, tanpri ?

– Mwen regrèt sa pou ou Gary, ou vyole konfyans mwen, m pa ka travay nan kondisyon sa a.

Mwen toujou ajenou nan pye l, manmzèl ouvri men m, li depoze bag la, epi l depoze foto yo sou biwo a ; li pran wout pòt pou li. Avan l sòti, li di :

– Yon lòt bagay m gen pou m di w Gary. M priye
w an gras… pa met pye w lakay mwen ankò ; pa
voye tèks pou mwen, pa rele m nonplis. M pa vle
janm kontre avè w ankò. Babay Gary…

Fason Sandra pati a vrèman domine m, òdinèman
yo di gason pa konn kriye, se pa t ka pa m sa ; paske si
w poko janm wè gwo papa gason ki blayi atè sou vant,
pete gwo rèl kriye jis panse avè m. Mwen vide dlo pou
ranpli yon basen. Kèt ! Sa di wi, m renmen fanm nan
anpil, nan pa vle monte vit sou manmzèl akoz madanm
mwen ki defen pa two lontan de sa. M te pè pou sosyete
a pa kouri kritike m, anplis lè m sonje pwomès mwen te
fè madanm mwen lè m te di l : « Mwen pap janm gen lòt
fanm apre l. » Tou sa te rann mwen ezitan devan Sandra,
kwak manmzèl se sous lajwa m. Koulye a manmzèl fini
avè m anyen pa gen sans pou mwen. Kwak li te sèlman
nevè karant nan maten, mwen pa t sou travay ankò.
Mwen jis pran kle machin mwen, epi m pati.

Antretan, Sandra toujou nan pakin lopital la ak Anita
ki t ap tann li. Sandra rakonte manmzèl tou sa m vide
nan kannkès li, li di Anita :

– Misye rakonte m… madanm li ak pitit li mouri nan
aksidan machin, l ap viv poukont li depi kèk tan

– Ou kwè papa mantè sa a ?

– M pa fou machè, m gen lide misye pa sensè, donk
m pa kwè l pyès.

Etan l ap pataje koze ak zanmi l, Sandra remake m
k ap kite pakin nan. Sandra di Anita :

– Ou sonje ide w te banm yèswa a ?

– Ki ide sa a ?

– Pou n al fè lobo kay Gary a.

– Wi, wi m sonje.

– Bon, men misye ap kite, an nou suiv li.

– Se kounye a w ap pale, si Gary te konnen aksyon
k ap vini pou li, pito l te kouri kache.

De medam yo pran ri, yo kontinye suiv mwen. Rive
yon lè yo remake m pake machin lan, m antre nan yon
boutik, apre senk minit m sòti ak yon bouke flè. Anita
gade Sandra li di :

– Gason ! Ayayay, sa pi mal ke pwazon. Se nèg
sa madanm li mouri a epi l ak bèl bouke flè nan
men l. Ou wè sa m t ap di w la Sandra.

– Se ou ki gen rezon Anita.

Yo kontinye suiv mwen, jis m rive lakay mwen. Men
yo rete a distans. Yo remake m pa desann ak bouke flè a,
avan m pase kle nan pòt pou m antre, yo wè m met bag
la nan dwèt mwen. Medam yo fin dechenen, Anita di :

– Waw ! Gad jan misye pa bon, ou wè tout may li
gen sou li Sandra ?

– Sa k ta di sa, yon eleman si debyen nan aparans
konsa. Lè yo di aparans se rans lan, se pa manti non.

– Medam yo ranje kò yo pou kite machin pa yo,
men yo wè m retounen deyò a, epi m monte
machin mwen. Anita di :

– Mwen parye avè w Sandra, se yon lòt fanm misye
genyen. Ou pa wè l pa antre nan kay la ak bouke
flè a ?

Sandra reponn :

– Mezanmi ! Se pi gwo sezisman m te ka fè. Mwen
pa kwè kè m ka pran ankò. Mwen wè ase…

Pi devan, yo remake m antre nan yon kay, medam yo gade lòt san yo pa di krik fwa sa a. Dis minit pase, m sòti ak yon ti sachè. Medam yo pèsistan, yo kontinye suiv mwen. Apre trant minit kondui, m vin kanpe devan yon simityè. Mwen desann ak bouke flè m, epi m antre ; m mache jis m rive devan yon tonbo, se la m depoze bouke a epi m kanpe m ap pale tankou se yon konvèsasyon m ap fè. Medam yo desann machin pa yo, enpasyan pou yo wè bèl mèvèy. Sandra pran devan nan bann nan ; li vin kanpe dèyè do m, manmzè l voye je l sou tonbo an, li wè non « Rachèl Lafalèz desede sèz janvye » se kòm yon kriz ki pran l, nan pwen kenbe dlo. Se nan moman sa a li santi soufrans mwen an mache nan san l. Li reyalize senserite m, ke m pa t nan manti, mwen te sensè. M jis tande bri moun nan dèyè m, mwen vire, zye m tou wouj, m sezi. Dènye moun mwen ta imajine kontre la, mwen di :

– Sandra ! Sandra sa w vin fè la ? Ou gen yon moun isi a ?

Pafwa tèlman w nan lapenn, li konn difisil pou menm ouvri bouch pale. De ran dlo sou vizaj Sandra, li pa di yon mo, li jis fonse sou mwen. Nou tou de pran kriye, Sandra anbrase m, li bo m toupatou tout pandan l ap pase men l nan tèt mwen men dlo pa t sispann koule, se kòm se youn ki t ap konsole lòt nan fason pa n. Devan yon sèn konsa, li di pou w pa touche, menm je Anita fè dlo. Sandra di :

– Padone m Gary, m pat vle kwè w. M konprann soufrans ou ; m vrèman dezole, emosyon te fè m kouri jije w sou aparans san m pa t gen tout detay devan m. M pa t kwè w, se sa k fè m suiv ou rive jis la.

Mwen leve tèt manmzèl yon men anba babin li, mwen plake yon ti bo sou bouch li, epi m di :

Flèch palmis pa fizi

Tout sa k rive nan lavi sa a, fèt pou yon rezon Sandra. Se Bondye k fè w suiv mwen, chak jou apre travay m toujou pase wè paran madanm mwen, epi m vin isi a pou depoze yon boukè. Gade, m te panse m pèdi w, epi koulye a ou nan bra m.

Sandra sere m pi fò nan bra l, epi li di :

– M kontan sa tou Gary, m renmen w... m renmen w... m renmen w. M pa ka eksplike jan m renmen w.

– Se konsa lanmou m pou ou san fay Sandra.

– M pa jis Sandra pou ou Gary, mwen se Sandie w tou.

Mwen souri jouk nan nanm. Se kòm jou sa a te make nan syèl. Yon jou delivrans pou Sandra avè m, depi jou sa a n tounen de pijon tank nou damou ; nou travay ansanm, manje ansanm e sitou pase ti moman womans ansanm. Se bèl bagay lè nan ti moman detant pou m mete Sandra sou do m, epi pou manmzèl ap fè jès papiyon toutpandan zye n kadnase youn nan lòt. Ayayay ! Lanmou vre pa gen pi bèl ke sa...

Senk mwa annapre, anpil chanjman fèt... Sandra avè m marye, epi Antwàn jwenn yon lòt travay. Sa te fè m plezi gen Sandra nan bra m, epi relasyon m ak Antwàn pa t kraze. Anplis, pa mwayen Anita, Sandra avè m vin aprann konnen Gran Kreyatè a, Jewova Dye, ansanm. Franchman m pa regrèt chwazi Sandra, lanmou pou manmzèl pa t sispann ogmante ; se kòm a chak rega, m te renmen l pi plis toujou. E Sandra te rekonèt sa tou, sa te menm pouse l di m yon jou :

– Gary, si gen yon bagay w aprann mwen sèke flèch palmis vrèman pa fizi. Mwen renmen w cheri...

Flèch palmis pa fizi

Osijè otè a

Don D. William fèt nan yon mwa jiyè nan Dèlma, komin Pòtoprens, Ayiti. Li se powèt e ekriven. A laj 17 an, li antre Etazini pou kontinye etid li, nan eta Nyou Jèze, toupre paran li. Se nan Etazini li fin etid inivèsitè li. Men, se Pòtoprens fòmasyon kiltirèl li te kòmanse apre l fin fè konesans ak Coriolan Ardouin, Oswald Durand epi Ansi Derose. Depi lè sa a, yon lanmou otantik pou ekriti ak ekri te tabli nan fon kè l. Byen antoure, epi ankadre nan yon fanmi ki pwone lanmou pou lavi, lanmou pou Bondye ak tout sa ki bon, Don D. William te demontre yon apresyasyon espesyal pou ekri pandan l te yon etidyan akonpli. Li pran plezi ekri an anglè, fransè ak kreyòl ayisyen. Li toujou panse pami tout lang, kreyòl se yon lang ki reyèlman imaje pou pwezi, yon lang ki dous, ki senp, ki bèl e ki sansyèl tou. Li pèmèt gason kou fanm eksprime santiman yo ak yon seri ekspresyon ki tipik nan lang kreyòl la. Donk se ak yon grap plezi jodi a Don D. William ap pataje woman *Fèy palmis pa fizi*, yon tèks ki vrèman pasyonan.

www.ingramcontent.com/pod-product-compliance
Lightning Source LLC
Chambersburg PA
CBHW071231090426
42736CB00014B/3044